沙漠公路施工技术与应用

牛尚峰 刘 军 于 舰 主 编

吉林科学技术出版社

图书在版编目（CIP）数据

沙漠公路施工技术与应用 / 牛尚峰 , 刘军 , 于舰主编 . -- 长春 : 吉林科学技术出版社 , 2023.7
ISBN 978-7-5744-0758-9

Ⅰ . ①沙… Ⅱ . ①牛… ②刘… ③于… Ⅲ . ①沙漠—道路施工—研究 Ⅳ . ① U415

中国国家版本馆 CIP 数据核字 (2023) 第 155311 号

沙漠公路施工技术与应用

主　　编	牛尚峰　刘　军　于　舰
出 版 人	宛　霞
责任编辑	张伟泽
封面设计	刘梦杏
制　　版	刘梦杏
幅面尺寸	170mm×240mm
开　　本	16
字　　数	175 千字
印　　张	10.5
印　　数	1-1500 册
版　　次	2023年7月第1版
印　　次	2024年2月第1次印刷

出　　版	吉林科学技术出版社
发　　行	吉林科学技术出版社
地　　址	长春市福祉大路5788号
邮　　编	130118
发行部电话/传真	0431-81629529 81629530 81629531
	81629532 81629533 81629534
储运部电话	0431-86059116
编辑部电话	0431-81629518
印　　刷	三河市嵩川印刷有限公司

书　　号	ISBN 978-7-5744-0758-9
定　　价	62.00元

　　我国沙漠面积辽阔，绵延数千公里，分布于新疆、甘肃、青海、宁夏、陕西、内蒙古、辽宁、吉林、黑龙江等省及自治区。新中国成立后，国家在沙漠地区修建了多条不同等级的公路，对繁荣城乡经济、巩固国防、开发沙漠地区的自然资源起到了重要作用。如今，随着我国公路事业的蓬勃发展，沙漠地区的公路建设加快了前进的步伐，沙漠公路数量在逐渐增多，沙漠公路的技术等级也在迅速提高。

　　沙漠地区修筑公路是世界各国公路界关注较多的一个领域，沙漠地区筑路技术也是一项复杂的综合技术，许多国家都在不断地从实践中积累筑路经验，以期更有效地提高沙漠地区筑路水平。沙漠地区修建公路干线，对巩固国防、繁荣城乡经济，以及开发沙漠地区的自然资源起到重要作用。但是，由于沙漠地区气候干燥少雨、风大沙多、流沙蔓延，给公路建设及交通运输造成严重困难和危害，因而防治风沙危害成为沙区公路建设中亟待解决的一个重大课题。

　　本书主要介绍了沙漠公路设计、施工、防沙、养护等技术，以适应当前沙漠公路施工技术与应用的发展。

　　本书共五章，其中第一主编牛尚峰（中石化胜利建设工程有限公司）负责第一章、第二章第一节至第二节内容编写，计8万字；第二主编刘军（中石化胜利建设工程有限公司）负责第二章第三节、第三章内容编写，计6万字；第三主编于舰（中石化胜利建设工程有限公司）负责第四章、第五章内容编写，计3.5万字。

　　本书突出了基本概念与基本原理，在写作时尝试多方面知识的融会贯通，注重知识层次递进，同时注重理论与实践的结合。希望可以对广大读者提供借鉴或帮助。

　　限于作者水平，本书纰漏错误之处在所难免，敬请读者及各位专家批评指正。

CONTENTS

第一章　沙漠公路设计

第一节　沙漠公路勘测与相关调查

一、沙漠公路路线勘测

我国沙漠面积广大，总面积达 80.89 万 km^2，分布于西北、华北北部、东北西部，横跨多个自然地带，各沙地特征呈现明显的地域差异。因此，各个地域的沙漠公路勘测设计必须密切结合当地自然条件、风沙地貌地形、区域环境等布设勘测设计方案和确定勘测设计方法。按不同勘测阶段重视以下内容的勘测调查。

(一) 预可阶段勘测

(1) 调查拟建路段或相近路网道路技术情况，交通及拥挤度。

(2) 调查拟建公路沿线风沙地形地貌、地质、水文、气候、植被等自然条件状况。

(3) 调查风沙对公路产生的病害，提出治理的设想。

(4) 比选通过沙漠地区的路线方案，提出意向性推荐意见。

(5) 初拟治理风沙的工程措施和所需材料。

(6) 对可能的路线方案进行宏观经济分析比较，编制初步估算，研究确定建设的必要性和可行性，提交预可行性研究报告及项目建议书。

(二) 工可阶段勘测

核实预可勘测资料，深入调查研究，其主要内容为：

(1) 研究沙漠公路在运输网中的作用及该项目在综合运输网的地位。

(2) 研究公路沿线气象、风沙地貌、地质、水文、植被等资料。查明公路沙害成因、风沙运动基本规律、类型及其危害程度。

（3）路线平面缩图上标注风沙类型范围及其危害程度。研究路线走向与风沙运动规律的关系。

（4）评价各个路线方案风沙对公路的影响程度，提出推荐路线方案与防治公路沙害的措施。

（5）调查沿线及邻近筑路材料的分布、质量、储量，提出开发方法和运输方式。查明工程用水的水质水源情况。

（6）通过区域地质、风沙危害防治等调查，对路线方案进行详细技术经济分析比较，编制详细估算，研究确定建设的必要性和可行性，提交工程可行性研究报告。

（7）提出对初步勘测设计工作的建议。

（三）初步勘测

（1）根据工程可行性研究的批复意见，拟定修建原则，选定设计方案。

（2）集 1：1 万 ~ 1：10 万比例的地形图，对地形条件复杂的重要项目应收集卫星影像照片，分析地形地貌，找出可能的路线走向方案。

（3）收集调绘 1：1 万 ~ 1：10 万比例的工程地质图，对地形条件复杂的重要项目应收集卫星遥感图，获取定量或半定量的自然条件和地质条件，基本查明沿线地质、水文、地震、沙漠和植被分布等资料，对路线方案进行筛选。

（4）搜集气象资料，查明当地风向、风力、温度、降雨、蒸发量等情况和气候条件，必要时需调查输沙量和沙丘移动速度，绘制动力风向玫瑰图及风向矢量图，分析风沙运动规律和路线方案的关系，修订路线方案。

（5）现场对纸上定线方案进行调查和必要的地质勘探，必要时进行实地放线（参见详细勘测），基本确定路线位置。

（6）现场调查沿线筑路材料和防护材料的质量和储量及运输条件，进行材料试验分析，同时调查征地、拆迁数量。

（7）对路侧防沙体系和路基横断面形式设计方案进行论证，提出综合防治措施，基本确定路基防沙方案、结构类型及主要尺寸。

（8）提出沿线取、弃土方案，环境保护内容、措施及方案。

（9）基本确定路面设计方案、结构类型和主要尺寸。

（10）初步拟定施工方案，沙漠地区公路施工一般情况下采用单方向推进法施工，应对施工工艺和机械进行合理配置。

（11）拟定交通工程及沿线设施等其他内容，编制初步设计文件和工程概算。

（12）提出施工图设计时应该注意的问题和需要开展的试验、研究项目。

(四) 详细勘测 (着重于流动性沙漠)

（1）根据初步设计的批复意见，审定的修建原则，设计方案进行具体贯彻和深化，最终确定工程数量、图表资料、施工组织计划和施工图预算。

（2）对初步设计确定的路线线位，运用各种测量方法，进行现场实地定线。确定路线线位，并进行控制和线形测量。

①定线。收集各种比例的形地貌图、卫星影像图、航测照片及国家大地坐标点和水准点等控制点资料，在初步设计纸上线位的基础上，携带上述资料和图片、手持便携式 GPS 卫星定位仪、全站仪或光电测距仪、望远镜、对讲机、幅面为 40cm × 40cm 的竹竿红旗和幅面为 30cm × 30cm 的幅面竹竿红旗，直径大于 1cm，长度大于 100cm 的（钢筋）交点桩，依附路线总控制方向，根据实地风沙地貌特征、风力风向、风沙运动规律、区域工程地质和公路等级等因素按规范要求进行路线实地作业，选定路线。在选定好的路线交点和转点处钉设标志，进行量角、测距或 GPS 定位测定等操作，并将有编号的金属或塑料牌挂在交点桩上，在红旗上和记录本上记录交点编号及所定平曲线半径，然后在其交点处插大幅面竹竿红旗，在转点位置插上小幅面竹竿红旗。

②布设平面控制导线。路线平面控制网是公路平面控制测量的主控制网，沿路线各点平面控制网应联系于主控制网上，主控制网宜全线贯通，统一平差。平面控制的建立，可采用全球定位系统（CPS）测量、三角测量、三边测量和导线测量等方法。

携带（CPS）卫星定位仪、全站仪或光电测距仪、95 × 120cm 钢管桩，在已选定的路线控制点位的基础上，选择路线附近通视条件良好的地形布设平面加密控制点，形成良好的控制网型，在控制点上钉设钢管桩，测量已编序号的平面控制点位的观测方向值、边长观测值、边长与坐标、方位角、高程等观测成果。控制点位间距，宜在 16km 以内，并和国家控制点联测，为了便于寻找，在导线点位插上大幅面竹竿红旗。

③中线测量。通常中线测量是根据选线所定的交点及留条记载数据，进行实际丈量距离打桩设置中线，计算布设平曲线。当采用 CPS 技术时，利用 RTK 动态放样技术可以快速进行中桩敷设和中平测量。

通常携带全站仪或光电测距仪、钢尺、花秆、对讲机、直径大于 1cm，长度大于 100cm 的钢筋主要控制点桩和直径大于 0.3cm、长度大于 30cm 的铁钎中线桩（上绑红布条写桩号）。中线桩主要有路线起终点桩、公里桩、百米桩、平曲线要素桩、转点桩等。中线桩每 20m 设一桩，在地形变化处和平曲线位处要设加桩。在风沙地貌地形高大复杂路段，测设中线难度最大的是水平距离量测，可直接丈量斜距，测出地面倾斜角。

利用 GPS 的 RTK 动态放样技术敷设中桩和测量中桩高程可一次完成。将（GPS）卫星定位仪架设在通视较好的控制点上，用解算好的中线数据，通过电子手簿和流动站确定中桩位置，打下中桩并观测高程数据，记入手簿。

④高程测量。是对公路沿线设置满足测设与施工所需要的水准控制基点的测量以及对中线桩的地面高程起伏变化情况的测量。

携带水平仪、水平尺、尺垫、水准基点桩等器具，高程测量分水准点高程（基平）与中线桩高程（中平）（也可采用 CPS 技术 RTK 放样时测定）两个小组，两组分头进行，水准点每公里必设一个，在风沙地貌地形特别复杂路段，每 500m 加设临时水准点一个。水准点位置应选在公路路线任何一侧 50m 以外的平坦沙地、沙丘迎风坡、灌丛沙堆边缘等不易被风蚀和沙埋之处。水准点桩尺寸，以顶面直径不小于 3cm，长度不小于 100cm 的钢管桩为宜，之后在水准点位插上小幅面竹竿红旗。

为了保证水准测量精度，测量仪器要经常检查校正，清刷沾在水准仪的风沙，测量时置镜于稳定不陷脚的沙地，注意使前后视距离在 75 ~ 100cm 之间。立尺转点要选在密实沙地上，并用脚踏实后放上尺垫，防止尺垫顶部有沙，要利用塔尺水准气泡使立尺保持垂直。

⑤横断面测量。是测量各中桩垂直于路中线方向的地面起伏情况。采用水平仪、塔尺、皮尺法或手水平、花秆、皮尺目测法（抬秆法）。所测横断面宽度，根据实际情况而定，在一般地区路线两侧各宽 30m，总幅宽 60m，

在高大复杂的风沙地貌地形沙地，两侧各宽50m，总幅宽100m以上，采用边测边绘图法，或边测边记录，然后到室内应用计算机绘出横断面图，横断面图的比例为1：200。

⑥地形测量。所用方法可以是光电测距仪与小平板联合作业或大平板单独操作测量法，也可以采用全站仪或GPS进行数字地形图测量。

沙漠公路地形图，是以路线为依据的带状地形图，全线贯通测绘，主要供防沙工程设计，风沙运动情况观测和公路使用期公路沙害成因分析及进一步采取防治措施之用。地形图比例1：2000，测绘宽度，一般地区两侧各宽100～150m，高大复杂沙地两侧各宽200m，地形点分布密度30m，等高距1～2m。有条件时应在地形图上用虚线勾画出沙漠形态的平面分布状况。

（3）工程地质调查。通过调查、观测、勘探和试验进一步掌握与评价路线通过地带的工程地质和水文地质情况，可为正确选定路线位置、路基、路面设计提供工程地质依据。

调查方法可沿路中线桩逐段进行，对两侧各50～100m范围内进行调查。内容包括地表物质的工程性质试验调查，沙漠形态的详细描述，沙丘疏密度、高度及其范围调查，地下水位及其性质试验调查，植被种类、覆盖度及分布情况调查，可利用工程材料调查，沿线照片拍摄等工作。

（4）现场落实沿线筑路材料和防护材料的质量和储量及运距，绘制运输示意图，进行材料试验分析，同时落实征地、拆迁数量。

（5）确定路侧防沙体系和路基横断面形式，结构类型及主要尺寸，绘制布置图和设计图。

（6）确定沿线取、弃土位置和环境保护内容、措施，绘制布置图。

（7）确定路面结构类型和主要尺寸，绘制结构设计图。

（8）确定交通工程及沿线设施等工程的位置、类型和尺寸绘制设计图。

（9）计算各项工程数量，人工、材料机械设备的规格和数量，提出施工组织计划。

（10）编制施工图设计文件、招标文件和工程预算。

二、搜集整理气象资料

气象观测资料对沙漠公路的设计是非常重要的，尤其是风资料更为重要。没有气象资料沙漠公路的设计和建设则不堪设想，将会出现很多病害，对公路的使用产生不利影响。

气象资料是通过观测取得的，是用目力和仪具对近地面大气物理过程及气象要素所反映的现象，经过长期不断的观察和测量而得的多项目数据，这些数据便是天气预报、气象情报和科学研究的重要依据。一个常规气象站观测取得的气象资料共有14项，但对沙漠公路测设所涉及的问题来说，仅搜集风向、风速、气温、湿度、地温、降水、蒸发七个气象要素的资料就能满足需要；拿到这些数据后，经整理分析，从中发现其演变规律，再将其规律及主要现象应用于沙漠公路测设之中，便能达到沙漠公路布局、线形设计（走向）、纵横断面设计、路面结构设计、防治沙害设计等趋于合理的目的。

搜集供沙漠公路设计的气象资料，以公路路线通过当地观测站所提供的气象资料更切合实况，但如此机遇甚少，许多地方还办不到。根据新疆交通科研所和铁道部一院科研所在新疆若羌库尔干（若羌以北63km），且末塔什莎依（若羌西130km，且末东南220km），且末大桥（且末东南32km）三个观测站的气象资料与所在县气象资料相对比，虽然自然地理、植被、土壤、水文状况等因素的不同，所相对应的数据不尽一致，甚至相差很大，但其基本规律是接近的，有许多共同点，如年温差和日温差都很大，地面温度都很高，在主风向、次多风向之间，只差一个方位角，虽然有些影响，但影响幅度不大。因此气象资料可向临近路段的县气象站搜集，亦能满足要求。

搜集时间短、数量少的气象资料是不够的，至少要有连续3年的气象资料，取其两相近者为依据，可在气象站地面基本气象观测记录月报表中按年逐月逐日逐项认真抄录，并经核对，逐项综合分析采用。

空气湿度是大气中含水量的多少，是衡量大气变化和地表面热量变化的重要因素。表示空气湿度的物理量主要有水气压和相对湿度两种，为了简明多用空气相对湿度表示其物理量。所谓空气相对湿度，为空气中实有水气压与当时湿度下饱和水气压的百分比，相对湿度的大小表示空气水气距离饱和水气的相对程度，相对湿度越小，表明空气水气离饱和水气越远；相对湿度越大，表明空气水气离饱和水气越近。一般气温增高时空气相对湿度会减少，气温降低时，空气相对湿度会增大。搜集空气相对湿度资料在月报表中抄取已计算好的最高和最低相对湿度及其平均湿度。

降水量是计算空气干燥度及确定生物固沙的主要参考资料，主要收集一年中各月降水量总量和各月一日最大降水量。蒸发量指由于蒸发而消耗的水量，一般都比降水量大十几倍甚至几百倍，蒸发量资料只搜集一年中各月蒸发量及年总蒸发量就行了，两项资料均可在月报表中直接抄取。

三、社会经济调查

公路是地区间社会经济联系的纽带。公路项目建设的目的是连接大小城镇，形成区域交通网络和区域经济网络，便于生产资源的合理流动和高效配置，促进区域内社会经济的快速增长。对区域内社会经济环境调查涉及如下内容。

(一) 区域内具备的自然资源条件调查

(1) 矿藏资源：主要指煤炭、石油、盐、铁、铜矿、玉石等资源。

(2) 旅游资源：随着人们生活水平的提高，旅游成为人口出行的一个重要目的，成为交通客流发生的集中源点。

(二) 区域人力资源条件调查

人是生产力的决定因素，又是生产关系的体现者。人作为劳动者，能够从事生产，同时每一个人又需要消费。人口是社会生产和生活的主体，是经济结构的重要因素，人口出行与交通有着直接关系，因此人口调查是社会经济调查的重要内容之一。

(三) 区域内经济发展水平调查

区域内的经济发展水平是交通运输需要的根本来源，也是公路建设的基本经济保障。因此详细了解区域内经济发展规模、结构、趋势、发展战略对确定建设项目的必要性和经济合理性有重要作用。

四、公路交通调查

公路交通调查：主要是调查公路交通的现状和历史，其目的是从历史、现状资料预测未来。交通调查的主要内容和指标如下。

（1）机动车保有量调查：机动车的数量和结构反映了该地区的公路运输水平和特征，调查车型分小型货车、中型货车、大型货车、小型客车、大型客车、摩托车、拖拉机。特种车辆和载货拖挂车统计在大型货车内。

（2）区域内公路里程调查：包括区域内公路里程表、区域内公路行政等级（包括国道、省道、县道、乡道、村道等），区域内公路技术等级（包括高速公路、一级公路、二级公路、三级公路、四级公路、等外路等）。

（3）运输量调查：包括综合运输（民航、铁路、管道运输）量调查、公路运输量调查。

（4）公路交通量调查：指单位时间内通过某一断面的交通流量，一般采用单位为"辆/日"。

（5）其他交通调查：为经济财务评估进行的调查，包括：

①公路运输成本调查。调查对象包括：在不同道路下，典型车辆的油料、轮胎的耗费量，平均使用年限，维修费用，人员工资，车辆购置费，养路费，管理费，税金，固定资产折旧等。

②交通事故及货损。包括交通事故率、货损率、平均事故费、平均货物价格和货损费用。

③道路养护，大修费用。为各级公路平均每1000m养护管理费，大修间隔及费用等。

第二节 沙漠公路路线设计

一、沙漠公路选线

（一）沙漠公路选线原则

1. 世界各国在沙漠地区筑路所遵循的选线原则

（1）土库曼斯坦在地形复杂的流动新月形沙丘链地区，公路应与沙丘平行方向铺设，路基要靠近其中的一个沙丘链，或者穿越低地，并且道路的位置要由沙丘移动的形式特点来决定。在前进或摆动前进的沙区，道路尽可能铺设在处于主导风吹蚀下的新月形沙丘链地区。当新月形沙丘链为摆动前进时，线路必须铺设在低地的中间或靠近最高新月形沙丘链一侧。垄状沙丘地的选线原则同于新月形沙丘链。道路铺设在坡顶不恰当，不应使道路位于陡峭的新月形沙垄背风坡坡脚下。

在单个或众多新月形沙丘地选线时，应考虑到地形本身的形状和道路与沙丘交会的规模。要是相交处不大（1km以下），任何地方都可交会，但应注意将道路与沙丘交会处安排在自然条件更为良好的地带。比如，安排在新月形沙丘之间长有灌木的低地上，或安排在龟裂土地带等。在其他条件相同时，道路尽可能铺设在小型新月形沙丘区，因为大型流动沙丘地带道路的保护非常困难。

有许多大型新月形沙丘时，应将道路铺设在迎风坡一面。考虑到筑路时要缩小路基工作量，选线时，应尽量绕过大型新月形沙丘。

在垄状蜂窝形及小窝形沙丘地，道路尽可能铺设在平坦和固定地带。交会处安排在相对高度变化不大的地带。道路穿越地形多变区之现有自然环境的保护是选线及设计路基的又一遵循原则。所有道旁积沙，包括新月形积沙，都必须设法使其飞越路面。对中度起伏和起伏较大的沙丘，它们有复原的趋势，在修筑道路时如不考虑这种沙丘形成的特点，将会经常遭受积沙危害。

（2）埃及国土大部分为沙漠，可耕地只占国土面积的5%。埃及在沙源无限的达赫拉及哈尔加盆地西部沙漠修筑公路时，为解决公路沙害，在选线时，曾根据沙丘移动速度、距离和方向预测沙丘接近公路的时间，使选定的线路不会在近期内遭到沙埋。这就是尽量避开沙丘的原则；道路穿越沙丘地区时可架设空架桥或修建隧道，使流沙从桥下或隧道上部通过。或对连绵沙丘区，以空运代替陆运，而不必再修建穿越沙丘区的公路。

2. 我国已积累的沙漠地区公路选线原则

（1）处理好近期与远景的关系，沙区公路选线时，要结合工程和运营条件，路线所经地区国民经济发展的远景和公路总体的规划，进行综合研究，处理好近期与远景的关系。要找出一切有比较价值的方案，充分论证比较，通过大控制点的选定，找出符合公路使用任务和要求的线路的具体位置。

（2）合理绕避严重流沙地段，在进行沙区选线方案比较时，不应只考虑工期和初期工程投资，而应从施工、养护、营运等多方面进行综合研究，若在线路绕长不太多、工程费用增加有限时，尽量绕避严重流沙，这对整个施工营运来说还是合算的。但是，也要防止不分情况和需要，遇到流沙就绕避的倾向。

（3）充分利用有利地形，路线必须穿过沙漠地段时，要充分利用各种有利地形，将线路尽量选择在沙害较轻的湖盆滩地、河谷阶地、古河床及扇缘等地带。

①沿沙漠中的河流两岸和古河床布设线路，利用沙漠中的河流和古河道定线，是一条成功的经验。因河流的两岸水文植被条件较好，沙丘多处于固定状态，同时由于水分条件较好，也便于固沙造林。古河道为从前的河流，如今虽已干涸，但地下水位较高，坡度平缓，也有利于路基修筑。

②选在扇缘的固定、半固定沙丘地带通过，利用扇缘布线，是沙区公路选线的又一条成功经验。我国沙漠大都位于内陆盆地，四周因有高山雨注入，且常在沙漠外围的山前洪积扇缘地带有潜水溢出，水分条件较好，植物生长茂盛，沙丘也多为固定和半固定，很少沙害，此带筑路材料也较丰富。因此，扇缘地带为线路通过提供了比较理想的位置。

③利用沙漠中的湖盆滩地及风蚀洼地，沙漠中的湖盆滩地，水文植被条件较好，也为公路选线提供了有利的地形条件。

风蚀洼地为吹蚀区，公路通过也不易受沙埋，但路基易遭风蚀危害，不过从防沙观点来说，防止风蚀较防止沙埋要容易得多。

（4）力争在流动沙丘有利部位通过，如流沙地带不能绕避，或绕避在经济上显得不合理，路线必须穿过流沙时，选线应注意经由流沙最窄地段通过；应将线路布设在沙丘的迎风侧吹蚀部位；利用沙丘中的低矮处穿越，尽可能利用较开阔的丘间低地等。

在流动沙丘地段布设线路的一个重要原则是：线路要选择在沙丘的上风侧通过，而不应布设在沙丘的下风侧，以避免沙丘前移时埋没公路。路线布局应注意克服纵坡高差过大和横向填挖不合理等问题。理想的线位是在丘间低地靠近前方沙丘的迎风坡脚处。

若丘间低地较开阔，应尽量利用它通过。在线路位置必须穿越沙丘的情况下，应宁愿延长线路，也要使线路在最低的地方通过。新月形沙丘和沙丘链区布线，穿越段的线位选在沙丘的侧翼或链间垭口处；格状沙丘（沙垄－蜂窝状沙丘）地区则应尽可能沿主梁间的洼地横切副梁通过，采用堤堑交替设计处理。路线的纵坡以副梁的平均高度为其主要控制点。

（5）尽量使线路方向与主导风向平行或锐角相交，沙区公路选线时，最好使线路和主导风向平行或锐角相交，以减少路基的风蚀和沙埋。

（6）结合地形风向选择合理的平曲线及纵断面，在沙漠地区定线，应尽量少用平曲线，特别不宜用小半径平曲线；如果必须设置平曲线，则宜设在路堤地段，并将平曲线的凸面朝主导风向；路线的纵断面不应一味贪图平顺，在符合路线技术指标的前提下，应顺应自然地形起伏敷设路线，尽量避免切割地形，一般应以包线（堤式）设计为宜，路堤高度除为纵坡顺适的需要外，不宜过高。

（7）尽量靠近材料产地及水源。

（二）沙漠公路选线方法（为二～三级公路）

以新疆塔里木两条沙漠公路为例的选线方法。沙漠公路选线是一项涉及路线走向、路基稳定、防沙治沙设施规模、公路造价、有关政策等多方面的综合性科研技术工作，既要把握好技术标准，又要密切结合风沙地貌特点，始终注意贯彻工程经济与营运经济相结合的指导思想及沙漠公路应为沙漠自然环境优化工程的目标。在不过分增加工程造价的情况下，尽量提高技术指标；在不降低技术指标的前提下，尽量节约工程造价。经多次比较选择，才能选出沙漠公路的基本走向和路线的中线。

1. 沙漠公路基本走向及中间大控制点的选定

塔里木沙漠石油公路是为塔克拉玛干沙漠腹地油气资源的勘探开发服务的。其起点肖塘（生产、生活前沿基地）、中转点满参及塔中4井油田是沙漠公路宏观走向的重要控制点，是由专家和塔里木石油勘探开发指挥部领导共同决策选定的。因此沙漠公路的宏观走向（或总控制方向）及基本走向是根据这三个重要控制点选定的，具体方法及步骤如下。

（1）图上选定路线宏观走向。应用已有的1∶100000影像地形图、1∶100000风沙地貌景观图和1∶60000及1∶25000两种黑白航片，标定出已测知经纬度坐标的肖塘、满参及塔中4井位三个重要控制点，然后用直线依次连接肖塘－满参－塔中4井位，便成为相交于满参的两直线夹一大角的折线。这条折线就是沙漠公路的宏观走向，或称为总控制方向。

（2）决定路线基本走向的大控制点选定、大控制点在现场选定，携带标有路线宏观走向的地形图、风沙地貌景观图，航空照片、CPS 卫星定位仪、望远镜、对讲机、大幅面（40cm×40cm）穿竹竿红旗，深入现场进行决定线路基本走向的大控制点的选定。

大控制点（或主要控制点）的确定，不仅决定了沙漠公路的基本走向和路线长度，而且在客观上决定了沙漠公路线形优劣和防沙的难易程度，是沙漠公路选线（定线）最重要的一个工作环节。大控制点应尽量设置在视野开阔、沙害较轻、地形较平坦处，避免设置在垭口处，以减少工程量和防沙难度。

（3）决定路线中线小控制点的选定。小控制点在图上选定，应用标有宏观走向和基本走向的地形图、航片进行实地考察，并利用选大控制点的记录，在路线基本走向左右 1000m 范围内，找出适宜布设沙漠公路的有利地形，如风蚀淤土平地、风蚀洼地、开阔平坦的沙地、低矮沙丘分布地、垄间粗沙地、高大沙丘体之间的鞍部、垭口等，选定路线中间小控制点位置，并标定到地形图和航片上。

小控制点的间距一般控制在 1000m 以上。把各小控制点用直线连接起来，测量其长度及各点转角（偏角）。这条依附路线基本走向的连续折线就是沙漠公路的路线中线。

2. 风蚀-微丘区与微丘区的沙漠公路路线选定

沙漠公路选线测设过程中，除了考虑风沙地貌类型特点及风沙运动规律外，更多是要考虑线路通过地区的地形起伏程度。在公路工程中有所谓微丘和重丘地形的划分。

沙漠地区的微丘地貌一般指的是类丘陵状态的沙漠地貌。其形态特征是：沙丘连绵、丘坳交错、此起彼伏、垄低脊宽、垄谷相对高差小于 20m。其布线方式是：

（1）路线线位靠近路线宏观走向的布线在有沙垄分布的沙地，有少许沙丘、沙垄分布的淤土平地或盐渍化沙地以及有沙丘及沙丘链分布的大面积风蚀洼地等区段，地形相对高度较小，沙丘形态简单。风沙地貌地形对路线限制不大。因此，其路线线位应以靠近路线宏观走向为主导的方法。

其平面线形以选取短捷顺适的长直线为主。路线由一个控制点到另一个控制点，不做任意扭曲，但必须转折处，以设长而缓的平曲线为宜。

（2）路线线位与路线宏观走向或基本走向离而不远处的布线，比较高大的复合型沙丘及沙丘链、复合型沙垄等区段，沙丘形态复杂。沿线地面相对高差变化在 1.5～20m 之间，风沙地貌地形对路线有限制。因此路线线位应以路线宏观走向或基本走向"离而不远"为主导的方法选定。根据实地情况采用以下措施。

①尽量选有利地形设线，绕避高大沙丘、复合型沙丘链、复合型沙垄及大面积密集沙丘，采取这一"趋利避害"的布线举措在于争取高比率的坦缓纵坡度，减少路基沙方数量，减少防沙工程数量。在不降低技术标准及公路使用性的前提下，达到降低公路造价的目的。

②直穿沙地的布线通过高度小于 20m 的沙丘区段，路线宏观走向或路线基本走向近处如无有利地形可用，但其前方复合型沙丘高度小于 20m 的区段，路线不必远绕，应予以直穿通过。采用这一措施在于减短线路长度，提高路线平面线形技术指标。

3. 通过植被区的沙漠公路选线

沙漠绿色十分宝贵，因此沙漠公路选线时应尽量保护各种植物的生存条件。对胡杨等乔木林带，路线能绕则绕，绕避不了的，应从林木比较稀疏的空隙中以直线穿过。在红柳灌丛、沙拐枣分布地段，路线多以长直线方式从其间距较大、前后交错的灌丛堆间的平地上通过。

对于一些低矮草本植被及短命植物，在路线平面上难以作过多考虑，而以不设较高路基，将土方填挖数量降至最低的措施，尽可能保护这些植被。

对植被赖以生存的风蚀淤土平地、风蚀洼地、盐渍化风蚀平沙地以及粗沙平沙地等，在选线时均应予以保护。其保护措施是在选线测设时，要求施工部门筑路时应从路基下风一侧取土，在这条近南－北沙漠公路走向中，取土宜放在路的西侧，在筑路时，要求把破坏面缩小到最低限度，要做到这一点当然仍以设低路堤为最好。道理很简单，高、低液限粉土被搬走或破坏后，下面的流沙层就处于风的直接作用下而变为流动状态；地表薄层粗沙被揭掉后，下面的细沙就容易在较低风速下受到吹扬，低路堤可降低其危害程度。

二、沙漠公路线形设计

公路是一种带状的三维空间实体，具体的表现形式为路线的平面、纵断面和横断面。沙漠公路的线形设计，要结合沙漠地区风沙地貌状况，进行实用于沙漠特征的几何形状设计——由公路平、纵、横三个面组合而成的主体线形设计。

(一) 公路平面线形设计

沙漠公路的平面线形，是按其公路等级并结合沙漠地区的特殊环境设计的，其最理想的平面线形应是公路沙害轻并且少、汽车行驶舒顺协调安全、能获取较高经济效益的线形。我国沙漠、荒漠及戈壁等土地总面积166.9万 km²，沙漠总面积为80.89万 km²，分布于西北五省区和内蒙古自治区，地域空旷、人口稀少，绿洲及经济点间距长，行车环境多为荒漠区域。因此，路线平面线形设计的约束条件比较简单，主要为测设路线距宏观控制走向偏离距离的多少和相对应地区风沙地貌地形的复杂、高大、密集程度、范围大小。所以在执行设计任务书规定的公路技术标准中，只要路线布设在对防治公路沙害有利，而且路基土方量适当的地形情况下，尽量采用较高的平面线形设计指标。

1.路线直线长度选定

沙漠公路平面线形多采用的是长直线—短平曲线形。因此路线平曲线间2000m以上的长直线多，长直线有方向明确、路线短捷、测设简便等优点。但是过长的直线亦有弊端，一则是在长直线上行车过于单调乏味，容易造成驾驶人员的疲劳和放松警惕；二则是长直线容易导致高车速，不利于行车安全；三则长直线往往难与自然地形相适应。

（1）沙漠公路平面线形中，直线路段的公路沙害普遍较轻。又根据风洞试验验证，在路基高度相同，边坡大小一致的条件下，进行直线段与平曲线段断面流场观测。资料显示，直线路段与凸弧面迎风平曲线其路中心、背风路肩、背风坡脚的风速减弱率很接近、贴地层气流分离区虽厚但范围很小；但凹弧面迎风平曲线路中心与背风路肩风速减弱率最高，贴地层气流分离区厚而范围大，几乎占据了整个路基宽度。因此沙漠公路的平曲线经常积沙，尤其凹弧面迎风平曲线积沙现象更为严重，而直线段则积沙较少且轻。

（2）为了降低沙漠公路工程总造价。沙漠公路沿线的风积沙可作为沙漠路基材料而外，沿线可利用的路面材料及防沙治沙材料很少，几乎都是空白，都要远运。因此为了减少沙漠公路及以后可能要建设的其他工程总造价，当然，以控制点间路线的增长系数越接近于 1 越好。

以上是沙漠公路选设长直线的原因，当然选设长直线必须密切结合风沙地貌实际，绝不能一味地强求长直线，也不能硬性设置不必要的平曲线。对于长直线路线在使用方面的不足之处，应在长直线间适当距离（3～5km），增设以绿色为主的醒目警示标志，刺激视觉神经，减轻或消除驾驶员和乘员的疲乏困倦。

2. 路线平曲线技术指标的选定

路线平曲线是平面线形中常用的线形，当路线遇到高大复杂风沙地貌地形或校正路线走向时，需要采用平曲线改变路线方向。平曲线的设计原则及以下技术指标要仔细认真地考虑和选定。

（1）平面线形设计的一般原则：①平面线形应直捷、连续、均衡，并与地形地物相适应，与周围环境相协调。

②敷设平曲线，尽量选用较大的圆曲线半径。

③两同向曲线间应设有足够长度的直线，不得以短直线相连。

④两反向曲线间夹有直线设计，以设置不小于最小直线长度的直线段为宜。

⑤平曲线线形应特别注意技术指标的均衡与连续性。

⑥应避免连续急弯的线形。

（2）平曲线半径值的确定是依汽车行驶横向稳定性而定，并以滑移稳定控制。汽车在平曲线上做圆周运动时，由于惯性而产生离心力，离心力的作用点在汽车重心方向水平并背离圆心，为了减少汽车离心力作用，在平曲线路面做成外侧高内侧低的弯道超高。汽车行驶在具有超高的平曲线上，其车重的水平分力可以抵消一部分离心力的作用，其剩余部分，由路面与轮胎之间的摩阻力与之平衡。为了计算将离心力与汽车重力分解为平行于路面的横向力和垂直于路面的竖向力，其中平行于路面横向力的大小无法比较不同重量汽车的稳定程度，而采用横向力系数就可比较不同重量汽车的稳定程度。

（3）缓和曲线系直线与圆曲线或者半径不同的圆曲线相互连接时，为适应行驶轨迹曲率变化所采用的半径逐渐变化的过渡曲线。缓和曲线长度，是从驾驶操作从容、旅客感觉舒适和缓和长度不过短及行驶时间不过短考虑的，可在视觉上获得美观圆滑的线形。

（二）路线纵断面设计

贯通道路中线的竖向断面，称为纵断面，它主要反映路线起伏、纵坡度、竖曲线与地面切割的情况。纵断面图与平面图、横断面图三者的结合，能完整地表达道路的空间位置与立体线型。

道路的纵断面设计线是由均匀坡度线和竖曲线组成的。坡度及其坡长影响着汽车的行驶速度及运输的经济和安全。它们的一些临界值的确定和必要的限制是以不同汽车类型行驶于沙漠公路的性能确定的。

1. 纵断面设计的一般原则

（1）应适应地形，采用视觉连续平顺圆滑的线形，应避免凸凹反复起伏或中间暗凹的线形。

（2）在较长的连续上坡路段，宜将陡坡放在底部，接近坡顶的纵坡以适当放缓为宜。

（3）两相邻路段纵坡变化小时，竖曲线半径尽可能放大些。

（4）避免在同向竖曲线间插入短的直线坡段，特别是凹形竖曲线路段如直线坡段不长可改成单曲线或复竖曲线。反向竖曲线间最好设置一段不小于3s计算车速的直线坡段。

2. 纵断面线形设计

（1）流动性沙漠纵断面线形设计：

①路线通过一般沙地及中高度沙丘，沙垄分布段的纵坡，尽量顺应自然地形，采取填挖方均衡或填略大于挖的设计，为了减少大纵坡数量，应充分利用有利地形布设路线。

②路线通过高大复杂、沙体起伏频繁、相互交错的复合型沙垄路段的纵坡，应顺应自然地形之大势，可采用大填挖设计，尽量达到填挖量的均衡，并控制大挖方后形成的路堑长度不大于200m。

③路线通过高大复合型纵向沙垄，必须布设大纵坡路段的纵断面，为

了使路线纵坡不突破极限最大纵坡控制值,应基本顺应自然地形,路基填挖方数量不求其均衡,但也不能相差悬殊,从施工便利方面考虑,只要弃方有去处,防治沙工程能跟得上,挖方大于填方也是可行的。

④路线通过两相邻高大沙垄或沙丘链之间的低地路段,为了防止凹形竖曲线路段由于气流不畅及过路风沙流浓度较高所造成的积沙现象,变坡点要仔细推定,最好使设了凹形竖曲线后的纵断面高程处于不挖或少填状态,其凹形竖曲线半径应在2000m以上。

⑤路线通过低矮沙丘分布路段,由于低矮沙丘移动速度较快,对公路的危害不能忽视,其纵断面高程可与沙丘持平或从沙丘高度的2/3高处设纵断面线,能获得满意结果。

⑥路线通过沙丘分布稀疏的淤土平地或盐渍化平沙地路段,由于淤积土多为低液限黏土,干稳定性和干强度都很差,并且盐渍土内含有害盐类,就地取土修筑路基有问题,应换填风积沙,其高度(含路面厚度)在30~50cm为宜。

⑦路线通过乔灌木林地及其他植物生长路段的纵坡,应维护各种植物的生存条件,其纵断面高程,在保证路基强度不受地下水和冰冻危害的前提下,应尽量降低路基高度,最高点以不超过100cm,最低高度大于30cm为宜。

(2)裸露平坦沙地或沙漠外缘荒漠戈壁的纵断面线形设计:

①在裸露平坦沙地或荒漠戈壁地区,主要是风沙流对公路的危害,根据风沙流运动的特征,其路基高度应以采用顺地爬或低于30cm的矮路基最经济有效。矮路基边坡缓于1:3为宜,取土坑做成浅槽状。

②在固定和半固定沙丘地段,植被覆盖度大,风沙活动较弱,路线纵断面设计要注意保护植被防止流沙再起。因此,要防止取土过多,暴露面过大,纵断面高度应以低填为主,控制在30~40cm之间,拉坡要顺应地形变化。遇到高大的固定半固定沙丘,也可以设置路堑或半填挖路基断面,边坡必须加以封固,若固定沙丘地带地下水位较高时,则丘间低地的路线纵断面还应满足路基土壤水稳定性要求,其填方高度要从最高地下水位算起,至少在1.5m以上。

③通过流动性新月形沙丘和沙垄地带的路基纵断面设计,要视沙丘

和沙垄高度以及路线与沙垄移动方向的关系等情况而定。要多设填方路堤，少设挖方路堑或半填半挖路基。但为了做到既能消除沙害又不增大工程量，在纵断面拉坡时，要多设填方路基，但高度不要一般齐，线形要顺应自然地形，但也不要过分零碎。在丘间低地，不能设零高度断面，宜设高为30~50cm的低路基。

（3）纵断面设计有关技术指标的选定：

①纵断面的最大纵坡是路线纵断面设计中一项重要的控制性指标，特别在沙漠地区更显重要，因为纵断面纵坡大小直接影响路线的长短、使用品质的好坏、工程量大小及运输成本的高低和公路沙害程度的轻重。在沙漠公路纵断面设计中，一般选用的最大纵坡为5.5%，极限最大纵坡为7%。

②纵坡坡长：即变坡点之间的距离，从汽车行驶力学方面增重与减重的影响及路容美观等方面考虑，其坡长不宜过短。

③纵断面设计线是由斜坡段和竖曲线组成的。纵断面上两个坡段的转折处，为了便于行车用一段曲线来缓和，叫作竖曲线。对凸形竖曲线以改善纵坡的舒顺性，保证行车视距为依据，而凹形竖曲线则主要为缓和行车的颠覆和振动，同时保证夜间行车照明视距为依据。

（4）关于竖曲线与平曲线的配合：①平纵线形组合的设计原则：保持线型在视觉上的连续性，以自然引导视线，取得舒顺的驾驶节奏；注意平纵线技术指标的大小均衡，以取得线形顺适和工程运营的经济，应选择组合得当的合成坡度，以保证路面积水排放和行车安全的要求；在保证足够视距的前提下，驾驶员能看到的前方平面弯曲线形一般不超过两个，纵面起伏线形不超过三个；应注意线形与自然环境景观的配合与协调；平曲线与竖曲线顶点相对应，并且是竖曲线包括在平曲线内，对诱导驾驶员视线及其视觉的连续性有利。

②沙漠公路线形设计时平纵断面的组合应注意避免下列情况：凸形竖曲线的顶部或凹形竖曲线的底部应避免插入小半径的平曲线，前者失去诱导视线作用，司机需接近坡顶才发现平曲线，因而会形成减速或因高速行驶变换方向盘而招致车祸；后者易使司机对纵坡判断失误，把下坡看成上坡而导致超速行驶，造成交通事故。

凸形竖曲线顶部或凹形竖曲线底部，应避免设置反向曲线的变曲点，前者使司机感到不安，在顶点发现反向转弯操作危险；后者会引起排水不利，并在变曲点前后呈现视觉上的扭曲现象。在一个平曲线内避免存在竖曲线反复凸凹情况，当一个平面内竖曲线反复凸凹时，往往只看到眼前和前方，而中间凹下部分看不见，因而视觉上会出现线形被切断的情况而产生不安全感，改善上述情况的方法是使平曲线与竖曲线相重合，或增大竖曲线半径，以改善纵断面线形。应避免在长的直线段插入小半径竖曲线，当长直线段上有凹形竖曲线时，司机会将前方上坡看成比实际要大的坡度而采取不必要的加速，以致造成驾驶上的失误，此时应减缓纵坡、增大竖曲线半径并采取防护安全设施予以改善。

应避免使用短的平曲线、短的竖曲线和短的直线，特别在同一方向转弯的曲线之间应避免加入短的直线，当为平面线形时，同向曲线间的直线好像弯向与两段曲线相反的方向；而为纵断面线形时，两同向竖曲线间的短直线好像浮在上面，视觉上很不顺适，因此最好设计一个大的平（竖）曲线。两同向曲线或反向曲线相连时，应尽量加大其半径并加大缓和曲线长度，以使前曲线终点与后曲线起点设在同一点上。避免过长的直线，因过长的直线易引起车祸，为保证沙漠公路的舒顺，应避免连续很多短纵坡连接在一起。总之，要使沙漠公路线形是舒顺的、连续的和预知的，它取决于路线与风沙地貌地形适应的程度、平纵线形的配合以及与周围景观的协调比例。因此，良好的线形应是曲率和纵坡间适当平衡协调的成果，所谓协调设计，即是任何路段都应同设计车速及当地风沙地貌地形相适应，优良的设计应是既安全、经济，又在美学上感觉融洽、享受。

（5）行车视距：沙漠公路风沙地貌地形起伏频繁，竖曲线较多，为保证行车安全，驾驶者应能看到相当距离的道路，以便遇到汽车或障碍物时能及时刹车或绕过，此项距离即为行车视距。行车视距是否充分，直接关系着行车安全与迅速，它是公路使用质量的重要指标之一。在平面上的暗弯以及纵断面上凸形变坡点有可能存在视距不足的问题。

（三）路基横断面线形设计

路基横断面是路线中线上各点的法向切面，它是横断面设计线与地面线所围成的整个断面。分填方路基横断面、挖方路基横断面、半填半挖路基横断面三种，包括行车道、路肩、内（外）边坡等。其横断面形状及其几何尺寸与公路使用状况密切相关，合理的横断面形式能避免或减少风沙流对路基的风蚀和沙埋，从而达到提高沙漠公路通行能力的目的。

第三节　沙漠公路路基设计

一、沙漠公路路基设计原则及有关规定

（一）路基设计原则

风沙地区路基设计所考虑的主要问题是路基的风蚀与沙埋，两者不分主次，都要认真对待。

（1）为了防治路基风蚀与沙埋，应根据风沙地貌地形特点、风沙运动特征、风向、风力及路线走向与主风向关系等，选择合理的路基断面型式和路侧防护体系（路侧防护体系包括整平带或输沙带、防护带与植物保护带），为流动沙粒创造非堆积搬运条件。

（2）在不宜采用植物固沙的地区，或在采用植物固沙的初期，为防治沙害并为植物固沙创造生存条件，都需要采用工程防沙治沙措施。采用的工程措施有固、阻、输、导沙四种类型，各种措施可结合当地实际情况单独使用或几种措施综合使用。

（3）植物固沙是防治公路沙害的根本措施，但需要一定条件，管理也比较困难，又需要较长的时间，要依靠群众，取得当地政府的支持，并与农林部门密切协作才能搞好。为防止破坏原有植被引起新的沙源，为保护防护设施，在公路路侧的一定范围内应设植被保护带，禁止不合理的开垦、放牧与樵采。

（4）沙漠地区无论路堤或路堑，均由疏松沙粒筑成，因此其公路路肩、坡面和积沙平台均需进行全面的固沙防护工程，以防止风蚀和保持路基的稳定。防护材料可采用砂砾、黏结土、盐块、各种柴草等。

通常，土在压实过程中主要克服颗粒间的摩阻力和引力，对粉、黏粒土而言，主要受引力控制，摩擦力很小。而对于沙颗粒，当含水量很小时，引力小可忽略不计，主要受摩阻力控制，击实试验时，沙层受到一定振动力的

作用，不仅在垂直方向产生位移，而且在水平方向也产生位移，此外，由于力是以振动波为主要形式进行传递，将使颗粒产生跳跃位移，上述的位移运动方向总是朝着有空隙的地方发展，从而使颗粒得到重新排列，沙层逐渐趋于密实。当沙中含有一定水分时，颗粒表面的水膜将产生一定黏聚力，使阻力增大，这不仅影响颗粒的位移，而且使其跳跃减弱，这都将影响沙颗粒的重新分布，进而影响沙层密实。当含水量接近饱和时，沙层中将存在受重力影响的大量自由水，此时击实时，除了振动本身产生颗粒位移外，水也将沿孔隙向外排出，并将对沙颗粒也产生一个作用力使其位移，这样综合作用的结果，将使沙层的密度有较大提高。上述试验结果具有重要的应用价值，它为在沙漠路基施工中采用振动干压实工艺提供了试验依据和控制范围。

(二) 路基设计的一般规定

(1) 在干旱及过干沙漠地区因降水稀少，且沙的渗透性能较好，一般可考虑不设路基边沟及排水设施。

(2) 在容易积沙的路堑或半填半挖路段，为防止流沙进入路肩及行车道，在挖方坡脚宜设成宽度不小于 2m 的积沙平台。

(3) 为避免取土坑遭受风蚀并危及路基，取土坑宜设在下风侧路基坡脚 5m 以外；当必须两侧取土时，上风侧的取土坑应予以加固；当采用机械施工时，取土坑应挖成能增加气流上升力的弧线浅槽，浅槽应予以加固并与路基顺滑衔接，以利于风沙流的通过。

(4) 路基设计宜填挖平衡或填方略大于挖方，减少废方。废方一般应堆在路基下风侧或其洼地，并应摊平。弃土堆距离堑顶不得小于 10m。

(5) 路基两侧 10 ~ 20m 范围内的地面应保持平顺，地上突起物或灌丛均应铲除并予整平。

二、沙漠地区的特殊地区路基设计

(一) 沙漠盐渍土地区的路基设计

沙漠盐渍土主要分布在沙漠边缘及深入沙漠内部的河流泛滥区或低洼地带。

1. 沙漠盐渍土概述

盐是由金属离子和酸根离子所组成的化合物，分为易溶盐（如氯化钠 NaC、硫酸钠 Na_2SO_4、硫酸镁 $MgSO_4$）、中溶盐（如硫酸钙 $CaSO_4$）、难溶盐（如碳酸钙 $CaCO_3$）。

沙漠盐渍土是分布在沙漠地区不同盐碱化土的总称。在公路工程中，系指地表下 1.0m 内易溶盐含量平均大于或等于 0.3% 的土。盐渍土中盐分的转移聚积，是含盐土体中水温等条件综合作用的结果。在毛细水上升、蒸腾与湿度、气压梯度差等作用下，使土体内盐分由下向上，由内部向表层聚集。对公路主要造成的危害为：

（1）路面盐胀变形：含有硫酸盐的盐渍土，气温、地温降低时，硫酸盐要吸收水分而结晶，促使土体膨胀；气温、地温回升后，硫酸盐中的结晶水将被溶化而析出，土体由此而收缩。这种随温度变化而发生的土体积变化，日积月累循环往复，引起土体松胀，造成公路路基变形、路面鼓包、波浪、裂缝、坑槽等变形破坏。

（2）道路翻浆：在寒冷地区，秋末开始经过整个冬季土基下部的水分向土基上部集聚并冻结成冰夹层，引起土体膨胀；春融时期，由于冻结的土体是从上下两头同时溶解的，但冻解底层的溶解速度慢于上层，在顶底两面溶解未贯通前，中间始终有一凹面向上的冻结土体，隔断上层溶解水的下渗和向路外排出，致使土基上层含水量过大，强度下降，在行车作用下，路面出现松软，不均匀起伏或破裂翻浆。

（3）常温湿陷：在一般气温下，当土中含盐量超过一定比例时，结晶在土壤孔隙中的盐溶液便开始结晶析出，形成硬的盐晶体骨架。当土中含水量增加到其数量能将土中盐分可以溶解状态时，盐晶体被水分溶解，强度迅速降低，形成常温湿陷性，经观测沙漠盐渍土的湿陷性与黄土的骨架结构湿陷现象十分相似，因此当盐渍土体中粉土颗粒大于土重的 45%，土体孔隙度也大于 45% 时，具有较强的湿陷性能。导致道路的不均匀沉陷、波浪、车辙等变形破坏。

2. 盐渍土对公路工程材料的影响

一般来说，氯化物盐类对沥青材料有好的作用，钙盐与镁盐含量可不受限制。钠盐有微弱的腐蚀性，但能增加其抗拉作用，降低其冲击强度，因此，它对慢凝液体沥青有好的作用，但对黏稠沥青有不利影响，通常铺筑沥青路面时，含量应控制在 5% 以下，用作沥青加固土时含量不宜超过 1%~3%。

硫酸盐对沥青的腐蚀性很强，特别是在加固土的孔隙中与路面底部会产生巨大的膨胀压力，造成路面变形，因此，对其在土中的含量应有限制。通常，铺筑沥青路面时，其含量应不大于 1%~2%，当作为沥青加固材料时，不能超过 0.25%~0.5%。

碳酸盐对沥青材料的腐蚀性也很强，它能使沥青材料乳化，降低其黏结力，还能使加固土分散，增加亲水性和膨胀性，因此，对其含量应从严控制，应均不能超过 0.1%。氯化物盐类含量在 3% 以下时，对石灰或水泥加固土十分有利，能促进硬化，降低冰点。土中硫酸盐含量小于 1%，对石灰或水泥加固同样有利，形成结晶，并加速硬化。另外，当土中碳酸盐含量小于 0.5%~1.0% 时，对石灰或水泥加固土的硬结也很有利。上述三种盐类，当其含量超过以上最佳含量时，对加固土均有副作用，因此，工程中应严格控制其含量。

(二) 硬沙漠地区的路基设计

1. 硬沙漠概述

沙漠一般都是松散体，但在沙漠地区少数地段存在一种沙漠硬层，俗称硬沙漠，类似于淤土平地。它的工程性质与一般沙漠有所不同，与沙漠戈壁也不一样。戈壁有稀疏的植被、砾石，土质复杂，层厚深，而"硬沙漠"以粉性细沙土为主体，一般土层不深，无植被，因此也需进行特殊设计。"硬沙漠"形成，主要由于河流区域，河水向两侧开阔地漫水，经过蒸发、下渗使表层干涸板结而成。

"硬沙漠"地区呈现零星小沙丘的自然景观。"硬沙漠"的层厚不尽一致：老的"硬沙漠"层较厚，一般在 1~5m 之间，新的"硬沙漠"层一般为 0.3~1m。"硬沙漠"土中含有数量较多的粉土颗粒，一般在 30%~50%，因此，使沙漠表层形成间隔较长的龟裂，且裂隙较宽，有 3~10cm，故也叫"裂隙土"。由于"硬沙漠"土湿时膨胀、松软、强度变低，干时收缩，强度提高，因此，不能直接作为路基土使用，需做特殊处理。

2. "硬沙漠" 路基横断面形式与要素确定

"硬沙漠" 路基设计时，需将"硬沙漠"土进行处理。处理的方法有以下四种。

（1）对于零填土路基，需将土层挖至 0.8~1.0m，并参配粉粒少的新沙漠土，并碾压至规定密实度；

（2）对于低填路基（0.5~1.0m），则需挖至 0.3~0.5m，再填粉沙粒少的沙漠土压实成型。

（3）对于高路堤（3m 以上），则原"硬沙漠"层不需处理，可直接在原地面上填筑含粉土粒少的新沙漠土即可。这种情况，在桥头两侧较为多见。

（4）对于路堑路段要视路堑的深浅进行处理。若为浅路堑（1m 左右），则与零填断面方法基本相同，若为深路堑（3m 以上），且开挖后确定没有裂隙土，则需再挖 0.3~0.5m，作为路基加固处理层。若还有裂隙土，则仍需开挖后再进行加固处理。但不管何种情况，对于挖出的表土若需重新回填碾压的，均需用含粉沙粒少的沙漠土参配处理。若当地没有含粉沙粒少的沙漠土则要视当地的情况，包括雨量、雪水和地下水情况，分别进行截水、防渗或隔水处理。下述三种断面形式，纯指对裂隙土或"硬沙漠"地区还存在零星的活动小沙丘，因而，需要根据当地的勘察资料，对沙丘或少量风沙流的影响进行必要的处理。处理原则与前述风沙流地区的路基设计相近。如有一定雨量或雪水下渗情况，则还应修筑边沟或设置隔水设施。

（三）沙漠地区软土路基设计

沙漠软土地区是指地下水位高，毛细水长期作用于含有较多粉土颗粒的沙层，使沙层变软强度降低的一种地区。它与一般软土比较，含粉土颗粒较多，有少量风沙流活动。常见的沙漠软土分布在湖泊地区、沼泽地、河流区域、灌丛沙堆丘间地、芦苇丛生地等地带，层间水丰富。由于水分与少量植物枝叶的长期作用，沙漠软土地区呈现灰色或褐色的自然景观，类似于有机土。沙漠软土的路基横断面设计着重于路基强度与稳定性设计，但同时应考虑风沙流作用对公路的危害，因此其路基边坡以缓于 1:3 为宜。

软土层在一定重力下能固结。根据专家研究，软土固结作用分为两个阶段：第一阶段为初期固结阶段，系指软土中的自由水被排出的阶段。一般情况下，这一阶段进展得很快，沉落量也较大，强度增长也较快。第二阶段为长期固结阶段，系指软土中的结合水被排出的阶段。在重力作用下，它是以缓慢速度继续若干年才能完成，其沉落量随时间而逐渐减少。软土在重力作用下初期固结的工程意义十分重要。因为有可能用路基填土的重力使软土固结，因此路基的填土就必须有一定的高度。但由于第二阶段的固结要进行很长时间，是否加铺路面封闭路堤，则需要慎重考虑，否则会由于不均匀沉陷而造成路面过早开裂。为此，对于第二段的情况，需视工程需要而进行综合考虑。若工程不急需应用，则可等到完全固结后再封闭工程；若急需应用，等不到完全固结就要封闭时，需对路堤进行快速固结或加固处理。

软土地基的加固与稳定处理的方法有高压、喷浆、换土、抛石挤淤、沙井、排水沙垫层、爆破排淤、石灰或水泥桩、柴排（或草排）塑料与化学加固等。其中，常用的有沙井、石灰或水泥桩、土工织物、高压喷浆以及离子加固土等方法，可根据实际情况选用，一般均可良好地加速软土固结或起到有效的加固作用。

第四节　沙漠公路路面设计

一、沙漠公路路面材料

在沙漠地区，除遍地的沙漠沙之外，可应用的材料很少。地区颗粒细小，表面积很大，粉黏粒含量少，表面活性低，无黏性，内聚力小，非常松散，有的压实困难，常规车辆不可能在其上行驶。因此，研究解决路面新材料是修筑沙漠公路需要继续努力攻克的课题。沙漠公路路面材料中，较常用的是砾（碎）石、黏性土、沥青、水泥、石灰等；新型的路面基层材料有气硬水硬材料和各种化学加固材料、土工布、土工格栅；沥青混凝土防变形材料。

二、加固路面沙基层的材料

固沙措施方法很多，各有优缺点及一定的使用条件，设计时可依据当地的自然状况、材料来源与品质、施工条件、管养水平与难易程度、经济成本等，选定下列一种或几种措施组合。

(一) 覆盖物固沙

1. 柴草类覆盖沙面

(1) 层铺防护：采用麦秸、稻草、棉秆、苏丹草、沙蒿、野麻、芦苇或其他草类，以层铺形式覆盖沙面。层厚 5～10cm。

(2) 平铺植物束或芭块：采用各种枝条、麦秸、稻草、棉秆、芦苇、芨芨草等，扎成束把防沙设计或纺织成芭块，以平铺形式覆盖沙面。

(3) 平铺或叠铺草皮：挖取草皮，平铺或叠铺，覆盖沙面。

2. 土类覆盖沙面

(1) 黏性土覆盖沙面：采用塑性指数大于 7 的黏性土覆盖沙面。厚度为 2～10cm。为增加抗冲蚀强度和避免干裂，可掺 10%～15% 的沙或 20%～30% 的砾石 (体积比)。

(2) 盐盖覆盖沙面：采用打碎成 5cm 的盐块，以平铺形式覆盖沙面，厚 2～10cm。

(3) 砂砾、卵石覆盖沙面：以平铺或格状形式覆盖沙面，厚 2～10cm。后者先用 10cm 以上的卵石在路基边坡上做成 1m×1m 或 2m×2m 的方格，并与路肩边缘成 45°，再在格内铺粒径较小的砾石。

(二) 沙障固沙 (矮立式工程沙障，俗称固沙方格或条带状沙障)

(1) 矮立式沙障一般为防护工程中的主体。其材料有各种枝条、麦秸、稻草、棉秆、芦苇、芨芨草、苏丹草等；土工沙袋和土工格室；也可以采用塑料方格或瓦楞板方格等。

(2) 矮立式沙障的外露高度以 5~20cm 为宜。可采用立式植入或扎成束后平放并固定。

(3) 固沙方格规格有多种，一般路基两侧的固沙带以 1m×1m 为宜，路肩及边坡以 1m×0.5m 为宜，在丘顶强烈风蚀部位也应采用 1m×0.5m 规格。

(4) 在主导风向明显或风向单一的流沙地区，可采用条带状沙障，沙障走向必须与主导风向垂直，间距不小于 0.8m。

(三) 化学固沙

(1) 用化学合成材料均匀喷洒沙面，使之形成固结层。目前我国已采用过的化学固沙材料主要有乳化原油、乳化沥青、高分子聚合物等。

(2) 化学固沙所形成的沙面结皮易破裂或被风掀起，故宜与其他机械固沙措施、生物固沙措施相结合 (镶嵌)，以形成更加稳固的体系。

(3) 由于化学固沙可能造成环境污染，设计时应综合比选，谨慎采用。

(四) 生物固沙

(1) 生物固沙是根本的固沙措施，但因限制因素较多，选用时要"因地制宜"。

(2) 为确定生物固沙的适用条件，应进行公路沿线自然环境，特别是生态环境的综合性调查。

(3) 生物固沙与工程固沙配合时，应首先进行工程固沙稳定沙面，为生物固沙提供立地条件。

(4) 应结合风沙地貌、土壤类型、地下水埋藏深度及其水化学特征等，划分固沙植物不同生活环境。

(5) 固沙植物应以根系发达、耐旱、耐盐碱、耐贫瘠、耐风沙、固沙能力强、发芽迅速的当地植物为主。引进植物应进行引种试验。

(6) 确定适宜的植被结构，可草、灌、乔结合或草、灌结合；采用合理的株距，行距、密度混交方式 (带内混交、行内株间混交和带状混交)。

(7) 制定整地方式，栽种季节、种苗规格及抚育、补植、更新的规定。

(8) 年降水量在100mm以上的地区，可先播种耐旱的草种，待草生长后再种植灌木，最后种植适宜生长的乔木。在有条件的地区，可适当进行人工浇灌，保证草木生长良好。

(9) 年降水量小于100mm的地区，如有充足的地表水或地下水资源，可引水营造乔灌防风林带。如地表水与地下水资源不足，可先实施沙障，再采取滴灌等措施适时种植固沙植物。

(10) 封沙育林保护天然植被。在受风沙危害的路段，公路两侧应设立标志，严禁樵采和放牧等一切有碍天然植被生长的活动，保护好原有的天然植被，并进行必要的培育，尽可能扩大植被面积。

(11) 植物固沙的效果取决于植物株高及其覆盖度。植物固沙带的宽度可参照工程固沙带的宽度适当减小。

三、公路路面结构设计

进行沙漠地区公路路面设计时，应该重视下列问题：提高沙基强度、减薄路面厚度；利用就地、就近材料铺筑路面；应用新材料、新技术铺筑路面；设计经济合理的路面结构和结构组合。

(一) 路面和结构层性能及材料选择

沙漠公路路面结构分面层、基层和垫层三个主要层次。

(1) 面层是直接承受行车荷载作用及自然气候的风沙、降水和温度变化影响的路面结构层次，并为车辆提供行驶表面，直接影响行车的舒适、安全和经济性，给周围环境带来一定程度的影响。因此面层应具有足够的结构强度和稳定性、良好的利于输沙的表面。这样的路面面层应以沥青类路面及水泥混凝土路面结构为最佳，当前多采用沥青路面。

高级路面多采用沥青混凝土路面面层，次高级路面和中级路面以选择拌和法施工的沥青表面处理面层为宜 (一般采用 AC- 13I 型混合料)。沙漠地区风沙多，因此选择层铺法沥青表处或沥青贯入式碎 (砾) 石面层时要慎重，因为这两种沥青面层，其一是稳定性不足、表面平整度不够，其二是可能随时而来的风沙流将填充其间对面层强度与稳定性造成极为不利的影响。

(2) 基层主要承受由面层传来的车轮荷载垂直压力，并把它扩散分布到下面的层次中，所以基层材料应具有足够的抗压强度和扩散应力的能力。车轮荷载水平力作用，沿着深度递减得快，对基层影响很小。由于基层不直接与车轮接触，因此，一般对基层材料的耐磨性不予重视。基层应有平整的表面，以保证面层厚度均匀。同时基层与面层要有很好的结合性，以提高路面结构的整体强度，避免面层沿基层滑移和推挤。基层遭受大气因素的影响虽比面层小，但为了防止面层透水或地下水地表水的影响，所以基层结构应具有足够的水稳性。

为适应某种结构性能的需要，有时在面层与基层间，另设一个联结层，例如，为减轻或消除石灰加固沙基层、水泥加固沙基层开裂而反射到面层和防止面层沿着基层表面滑移所设置的碎石联结层，以及在高级沥青混凝土面层与基层之间所设置的沥青混合料联结层等。

铺筑基层所用的材料主要有级配砂砾混合料、天然级配砂砾、石灰、水泥、粉煤灰、乳化沥青或各种化学物质的加固沙、水泥稳定碎（砾）石、各种工业废渣（煤渣、矿渣、石灰渣等）、铺砖路面等。基层有时分两层铺筑，其上一层称为基层，下面一层则称底基层。

（3）垫层在排水不良或有冻胀、盐胀的土基上，应在基层之下加设垫层。垫层的作用主要是调节和改善水温状况，减轻土基不均匀冻胀，盐胀并隔断地下毛细水上升或地表水下渗，同时可贮存基层或土基中多余的水分。此外垫层也能扩散由基层传来的车轮荷载垂直作用力，以减小土基的应力和弯沉变形。

填筑垫层所用的材料，强度不一定要高，但水稳性、隔热性和吸水性要好。常用的材料有砂、天然级配砾石、炉渣、片石、卵石、锥形块石、石灰土、炉渣石灰土、土工布等。

（二）经济合理的路面结构组合

为了充分利用各种材料铺筑沙漠公路路面，以设多层结构为宜，即分面层、基层和垫层。结构组合要从以下两个方面考虑。

（1）强度组合：按行车荷载应力分布随深度递减的规律，强度高的、耐磨的材料应设在上层，逐层依次降低，直至余下的应力由沙基承受。根据我国常用的路面结构看材料弹性模量值，面层与基层之间的模量比不宜大于3，其他各材料间的模量比不大于5。沙基与基层的模量比大于15时应设垫层。

（2）厚度组合：应综合考虑材料的性能和造价，以及传布应力的效果和便于碾压成型等因素。接近表面的层次，因承受的荷载大，应用硬质材料，避免压碎，这类结构层一般造价较高，厚度可以薄些，对于昼夜交通量小于2000辆的公路路面，其厚度不能小于3cm。一、二级专用公路和高速公路，其表面层的厚度按需要设计，但不能小于4cm。剩余一部分应力应由造价较低的基层、底基层或垫层结构层来承担，其厚度要放厚些。但从沙漠特点及大重型车辆越来越多的因素考虑，路面结构层的总厚度不能低于30cm。

(三) 面层类型设计

根据沙漠地区的特点及长期观测调查结果说明，沙漠公路面层应以沥青混凝土或拌和法的沥青路面为最佳。

(四) MRD 沥青混凝土防变形材料路面

沥青本身的致命弱点就是温度敏感性强，当沥青混凝土路面超过 40℃ 时，沥青中的轻质油分析出，路面稳定性大大降低，路面变软，在汽车荷载作用下出现车辙等病害。在低温时，沥青混凝土路面脆化，抗裂性大大降低，容易导致路面开裂。在温度变化较大的地区筑路，必须解决沥青混凝土路面的稳定性问题，特别是当交通量大、重型车辆多的情况下，对沥青混凝土路面的稳定性要求更高。

目前，国内外常采用两种途径着手解决沥青混凝土路面稳定性问题：其一是从矿料着手，如采用轧制碎石、改善级配等；其二是从沥青胶结本身着手解决，如选用沥青品种、对沥青改性等，在沥青改性方面，都选择各种填充料，来提高沥青技术性能。改善沥青感温性能的填充料主要有以下四种：硫黄、炭黑等矿物填料，这种材料可使沥青的耐高温性能有较大的改善，但对低温作用不理想；橡胶类外掺料，这类填充料增大了沥青的黏性，降低了沥青的感温性，改善了高温热稳定性和低温抗开裂性，但拌和施工较为困难；树脂类填料；热塑性弹性体填料。

这些填充料对改善沥青的感温性有很好的效果，能提高沥青混凝土路面的稳定性，但由于这些填充料的掺和，对沥青混凝土施工会产生不利影响，同时筑路成本太高。

MRD 防变形材结构松散，呈微孔结构，从而提供了温度较高时沥青中的油分析出吸附的物理因素；由于 MRD 矿物组成，显微形貌、孔结构特性，与沥青形成了一个不稳定体系，当温度升高时，沥青中的油分析出，利于变形材吸附油分，可保持沥青中的油分含量基本不变，保持高温下沥青混凝土稳定性。反之防变形材吸附的油分出现移动，同时已吸附的部分蜡分仍吸附在防变形材中，保持并改善了沥青混凝土在低温下抗开裂性能，从而提高了沥青混凝土在低温下的稳定性和耐久性。

通过试验路对路面性能检测，其结果是：掺加 MRD 的沥青混凝土路面抗变形能力提高，无车辙、拥包、坑槽等病害，路面平整度随着行车时间的延长无增大的趋势。而不掺 MRD 的沥青路面都有车辙、推拥、坑槽、裂缝等，路面平整度随着行车时间的延长有增大的趋势。从整体看，掺加 MRD 的沥青混凝土路面明显提高了路面的稳定性。MRD 是一种我国首次研制开发的行之有效的沥青混凝土路面防变形材料，MRD 原材料易得，价格低廉，无毒无害，生产工艺比较简单，无环境污染，掺入沥青混凝土后能明显地改善沥青混凝土的性能，提高沥青混凝土路面的稳定性，MRD 的开发和应用对于我国高速公路、城市高等级道路以及温差变化大的公路有着广阔的应用前景。

（五）选择和利用就地材料的路面

我国沙漠地域辽阔，自然条件多样，只要在勘测公路时，认真调查，是可以找到满足路面要求的就地路面材料的。

1. 盐盖路面

天然矿物盐盖在干旱荒漠地区分布较多，多以氯化钠（NaCl）盐类为主，凡埋藏于干燥沙漠或暴露在大气中的盐盖，普遍很坚硬，其在狄法尔磨耗鼓的磨耗度为 13.8%，但埋藏于潮湿沙地上的盐盖普遍比较松软，经挖出后在大气、光、热作用下，则能变硬，都能用于路面工程。盐盖路面适用于极端干旱地区，经在新疆铺筑使用，其耐磨性较差，但强度是可以的，可作为低级路面甚至中级路面材料。若要作为沥青（渣油）表面处治的基层，因有轻微盐胀作用，要慎重考虑。

2. 铺砖路面

这是一种利用就近粉砂土，经制坯烧结成有一定强度的砖块铺筑的路面。砖块尺寸：长 × 宽 × 厚 =24cm × 14（12）cm × 6cm。平面排列按人字形侧铺于平整好的路基上，路面厚度就是砖的宽度。根据 G218 线新疆库（尔勒）若（羌）公路铺砖路面的试验，所用砖的强度低于 6.0MPa 者约占 20%，强度在 7.0 ~ 9.0MPa 者占 65%，强度高于 9.0MPa 者占 15%，共铺砖路面 60km，经过多年使用，大部分完好，被磨耗掉 0.5 ~ 1.0cm，约有 10% 的路段受到破坏，出现坑槽，尤以平曲线处最多。经测试其整体强度很高，回弹弯沉值很小，材料弹性模量很大，接近于石质路面。

第五节　沙漠公路交通安全设计

一、交通标志

交通标志有指示、指路、警告、限制四种性质。

(一) 指示标志

指示标志通常为圆形或矩形，蓝色底白色图案，是指示车辆和行人按规定方向、地点行进的标志，如直行、左转、右转、单向行驶等。一般设于行车道的入口处。

(二) 指路标志

指路标志通常为矩形，蓝色底白色字符 (一般道路) 或绿色底白色字符 (高速公路)，是用来指示镇、村的境界，目的地方向、距离，高速公路出入口、服务区、著名地点等。指路标志有以下主要类别。

(1) 公路编号、方位标志。

(2) 交叉口方向、地点标志。

(3) 出口预告及出口标志。

(4) 地点、方向、距离标志。

(5) 收费站标志。

(6) 服务区标志。

(7) 情报标志。

(8) 交通指示标志。

指路标志板的尺寸，应根据公路的计算行车速度确定汉字大小，再根据汉字字数及板面的要求确定板面尺寸。驾驶员对指路标志中汉字的辨认取决于汉字的大小和字体，有足够的认读时间，才能起到正确引导交通的目的。最佳的指路标志尺寸，应该满足在规定车速和一般风沙天然条件下对信息获取的要求。

(三) 警告标志

警告标志通常为等边三角形 (或菱形)，黄色底黑边黑图案 (或白色底红边黑图案)。用于警告驾驶人员注意前方路段存在的危险及应采取的措施。如交叉口、急弯、易滑路段、陡坡、易于积沙路段等。警告标志到危险地点的距离，应根据计算行车速度确定，其位置必须明显醒目，并不得少于安全停车视距。

(四) 禁令标志

禁令标志通常为圆形，白色底红边红斜杠黑色图案，是根据公路和交通量情况及公路路侧防沙情况，为保证交通安全而对车辆和司乘人员等行为加以禁止或限制的标志，必须严格遵守。如禁止通行、禁止停车、车速限制、严禁烟火 (用于采用柴草类材料进行防沙治沙路段) 等。禁令标志设于距禁止事项附近适当地点最醒目的地方。

(五) 交通标志的设置

交通标志的设置应遵循以下原则。

（1）标志的设置应通盘考虑，整体布局。标志布设应做到连贯性、一致性，给公路使用者提供全面的咨询，满足各种道路交通信息的需要。

（2）标志的设置应确保行驶安全、快捷、通畅。标志的布设应以完全不熟悉周围路网体系的外地驾驶员为对象，通过标志的引导，能顺利、快捷地抵达目的地，不允许发生错向行驶。

（3）标志的颜色、文字、形状、大小等应有所区别，使驾驶人员能在瞬间辨别出标志的性质，立刻做出行动准备。颜色应该清晰易辨，夜间能反光发光，字句要简明，意义要明确，安装要按规定的距离和位置。

（4）应避免在交叉路口的标志林立，妨碍驾驶者视野。交叉路口以设置指路标志和禁止标志为多，对于指路标志，可采用前置预告的方法，把位置拉开。禁止标志可采用组合方式或加辅助标志的方法，以减少标志数量。

（5）公路标志是交通管理设施，路上的标志具有法律效力，因此必须认真严肃对待，尽力避免由于标志设置不当对交通流造成影响，或给管理带来麻烦。

(6) 公路标志的设置不得侵占建筑界限,应保证侧向余宽。标志牌不应侵占人行道或路肩有效宽度,应确保净空高度。

(7) 交通标志的结构设计,要充分考虑在外界荷载作用下的强度刚度和稳定性,交通标志作为公路构造物,还需考虑交通标志的美观,及与公路沿线自然环境的相互协调。

(8) 交通标志的基础,一般设置在压实良好的沙路堤,也可设在挖方路段的落沙台上。采用现浇的或预制的水泥混凝土或钢筋混凝土构件,其尺寸及埋置深度应根据沙土物理力学特性予以验算。基础顶应与原地面平,在基础挖坑时要防止风积沙滑塌对沙漠路基强度的破坏,基础沙土回填应分层夯实,到顶面后对风积沙表面应予以加固。

二、路面标线

它是在路面上画线,标出图形或文字来指导行车,是交通设施的重要组成部分。因此,对标线的可见性、耐久性、易施工性等有严格的要求。

(一) 路面标线质量要求

(1) 车辆行驶时,无论白天或黑夜,都能由于光泽和色彩的反射而清晰地识别和辨认路面标线;

(2) 无论沥青路面或水泥混凝土路面,标线涂料必须保持与路面之间的紧密结合,在一定时间内,不会因为车辆通行而剥落;

(3) 标线涂料能经受车轮的长久磨耗及风沙的摩擦,不产生明显的裂缝;

(4) 标线涂料价格便宜,涂料作业安全、无毒、无污染;

(5) 反光标线的回归反射性能在相当长的使用期内不显著下降;

(6) 标线应颜色均匀,不会因气候、路面材料、风沙作用等而变色。

(二) 标线的分类与设计

1. 标线材料分类

路面标线涂料按施工温度可分为常温型 (冷用)、加热型和熔融型三类。常温型和加热型 (50 ~ 80℃) 属于溶剂型涂料,呈液态供应,加热型涂料固体成分略多一些，黏度也高。熔融型涂料呈粉末状供应，需加温180~270℃，使其熔融才能涂敷于路面。

2.路面标线设计

路面标线按其功能分指示标线、禁止标线和警告标线三类，结合沙漠公路特点三类标线设计包括以下内容。

（1）指示标线为指示行车道、行车方向、路面边缘等设施的标线。

①双车道路面中心线为黄色虚线，用于分隔对向行驶的交通流。在保证安全的情况下，允许车辆越线超车或向左转弯，主要用于长直线路线及风沙地貌地形开阔路段。

②车道分界线为白色虚线，用来分隔同向行驶的交通流，在保证行车安全的情况下，允许车辆越线变换车道行驶，主要用于中央有分隔带的高等级公路。

③车行道边缘线为白色实线，用来指示机动车道边缘，或用来划分机动车道与非机动车道的分界。

④港湾式停靠站台边缘标线为白色虚线，是双车道沙漠公路特设的港湾式停靠台边线，行车可越线进入停靠站进行休息、检修。

（2）禁止标线为告示公路交通的遵行、禁止限制等规定，是车辆驾驶人员及行人需要严格遵循的路面标线。

①路面中心为黄色双实线，表示严格禁止车辆跨越超车或压线行驶，用于双车道公路的平纵面视距不良路段，小半径平曲线路段，交通事故多发路段等。

②路面中心为黄色单实线，表示不准车辆跨越超车或压线行驶。其意义与①相同。

③禁止路边停车线为路边黄色实线，用于指示禁止路边停车。

④减速让行线为两条白色平行的虚线和一个倒三角形，表示车辆在此路口必须减速，让干线车辆行驶。

（3）警告标线是促使车辆驾驶人员及行人了解公路上的特殊情况，提高警觉，准备防范应变的标线。

①车行道宽度渐变段标线用以警告车辆驾驶人员路宽缩减或车道数减少，应谨慎行驶禁止超车。

②接近障碍物标线，用以指示路面有固定性障碍物，警告车辆驾驶人谨慎驾驶，绕过障碍物，若为风积沙要设法通过障碍物。

③减速标线为白色虚线，用以警告车辆驾驶人前方应减速慢行，多设于收费站前，易超速和易肇事路段附近。

三、公路护栏及护柱

公路上的护栏及护柱，是重要的交通安全设施之一，在一般公路的高填方路基或边坡较陡路段应当设置。在高等级公路路面两侧及中间分隔带两侧的防撞护栏更不能缺少。

关于在沙漠地区尤其是流动沙漠地区修建高速公路，要在其路面上设置4道竖直的纵向防撞护栏，根据风沙运动力学来判断，宽路面上设置4道竖立式防撞护栏，就是4道阻挡风沙流运动的屏障，对路面输沙非常不利。这一点从新疆已建成通过风吹雪地区的高速公路积雪情况观察到，正是由于路面存在4道防撞护栏的影响，导致冬季降雪发生风吹雪气候之时，路面积雪现象严重。因此，在沙漠地区尤其流动沙漠地区修建高等级公路的防撞护栏，有进一步观测、研究、解决其弊端的必要，在此就不多叙述了。对于一般沙漠公路的高填方、陡边坡或临河路段，为了交通安全，其护柱仍然要设，但需重视以下三点。

(一) 护柱设置位置的选定

根据已成沙漠公路调查观测，多数设护柱路段的护柱位置是合适的，但仍有少数路段的护柱位置认为没有必要。其原因主要在于原来施工图设计时所确定的设护柱位置，其侧确有深凹低地，但经大规模施工的改头换面，极大地改变了原有风沙地貌地形状况，再加上高频次风力作用，使原有凹地变浅，地形也变缓了，没有必要设置护柱了。因此，为了使沙漠公路的护柱设到合适位置，有关单位应在沙漠公路路基施工结束后，对其全线设护柱位置予以认真核查，认为不需要设置护柱的路段，以设计变更方式予以取消。

(二) 护柱的利与弊

沙漠公路护柱能起警告作用，警告驾驶人员注意此处存在危险及应采取的措施，能促进行车安全，这是有利方面。但护柱还有一定弊端，根据观测，设护柱路段若路侧防沙工程齐全配套，其使用情况良好；若路侧防沙工程破坏或失效，就出现多风向侧护柱的下风侧拖一条沙尾巴，久之将形成沙害，因为有护柱存在，给清除积沙也造成困难。因此沙漠公路的护柱应尽量少设，设置护柱的其护柱间距以3m或4m为宜。

（三）护柱设计

（1）护柱构造：为钢筋混凝土预制件，长度150cm，横断面尺寸20cm×20cm；护柱顶端80cm范围以10cm间距涂红白相间的反光油漆。

（2）护柱埋设：在路基边缘内30cm（护柱中心至边缘）挖坑埋设，埋入土中70cm，露出地面80cm。埋设后将周围沙土夯实。护柱间隔3~4m。

四、停靠车台

双车道沙漠公路，尤其是路基宽度为8.5m，路面宽度为7.0m的三级公路。其行车道宽度较窄，为了保证行车安全，减少交通事故，设计上采用沿路线前进方向每间隔10~15km的紧挨路面边缘设置汽车停靠台的方法，供来往行车休息或检修之用。在新疆沙漠公路使用，很有成效。具体设计为：

（1）位置选定：路线前进方向每间隔10~15km的路左或路右选择地形平坦开阔，路基较低点为停靠台位置。

（2）设计数据：停靠台平面尺寸为长60m（含过渡段）、中间宽3m；顶面标高，与路面边缘标高等同；路基强度和路面结构层形式、厚度与行车道路基路面相同。

第二章 沙漠公路施工技术

第一节 风积沙路基的压实标准及检测方法

一、风积沙的最大干密度试验方法

对于风积沙，由于在天然状态下是松散单粒状态，颗粒间的分子引力几乎为零，依靠其中水的含量来抵消颗粒间分子引力的作用已不存在，仅当沙粒处于潮湿状态，颗粒间产生毛细作用力时，含水量才会起作用。沙中水所起的作用有如下几个方面：一是水的润滑作用；二是一定含水量情况下，颗粒间产生毛细作用，不利于压实；三是含水量较大时，消除了毛细作用；四是含水量继续增大时，由于水不可压缩，又不能迅速排出，依靠冲击击实作用产生的作用力，很大程度上被水吸收而不利于压实。因此，风积沙在完全干燥状态、某一特定含水量状态或饱和状态时，都可能达到最佳的压实效果。对于风积沙的压实，室内试验压实的方法主要有两种：一是采用常规的重型击实试验方法，依靠外力的强制作用力，使沙体密实。压实的另一种方法是振动压实，风积沙在一定的频率和振幅作用下，颗粒失去原有的稳定状态，并向另一种更稳定的状态过渡，达到密实状态，这一过程受风积沙颗粒级配、含水量，振动设备的振动频率和振幅等因素的影响。

(一) 重型标准击实试验

在室内对路基和路面材料进行击实试验时，影响其密度的主要因素有：含水量、材料本身的颗粒组成和击实功。在施工现场对路基进行碾压时，影响路基密度的主要因素有：含水量、碾压层的厚度、压实机械的类型、作用功碾压遍数以及地基的强度等。为了便于分析不同压实方法及不同因素对压实效果的影响，取不同地域、不同级配的风积沙，或人为配置不同级配的风积沙进行试验。

（1）风积沙的击实曲线有别于一般黏性土的标准击实曲线，它在含水量为零时出现峰值，随着含水量的变化形成了双驼峰曲线。含水量的不同，将击实曲线划分为明显的三个阶段：当含水量介于 0～2% 之间，随着含水量的增加，干密度降低；当含水量大于 2% 小于 12% 时，随着含水量的增加，值随之增加，呈上升趋势；当含水量大于 12% 时，随着含水量密度值有下降趋势。

（2）风积沙的级配，对干密度的大小有较大影响。当沙样中相对较粗的集料含量为固定值时，细集料的含量对干密度有很大影响，这充分说明了击实时颗粒互相移动、互相填充、沙样逐渐密实的过程；细集料含量一定时，其他集料之间的配比要合适，以便给细集料的填充留出空间。

（3）随着级配的改变，同时也改变了沙样的内摩阻力和黏结力。粒径越大，其棱角相对越大，抵抗冲击产生位移的能力越大，中间集料和细集料的增多降低了这种作用，因而其内摩阻力减小。

（4）试验过程中，风积沙反复烘干后，变得很脆，在重型击实冲击力作用下，容易击碎，导致干密度变大。试验证明，风积沙反复使用后，干密度能提高 3%～8%。因此建议在风积沙重型击实试验时，材料不应重复使用。

（二）振动击实试验

1. 底部振动试验

（1）采用振动台法确定风积沙干密度时，干密度受到振动台本身机械性能（振幅、频率等）和风积沙级配、含水量的影响，因此影响干密度的因素较多，主要有风积沙的级配、含水量、振动台的振动频率、振幅大小以及振动加速度，同时，表面单位压力、振动时间对振动压实效果也有影响，它们在振动试验过程中所起的作用不同。风积沙沙样的级配，决定了其内部可供填充空隙的大小；含水量可改变风积沙颗粒间的附着力和黏聚力；振动频率和振幅分别影响了沙样颗粒移动速度和位移的大小，同时影响振动机械的激振力，进一步改变剪应力的大小；表面单位压力的大小决定了作用于沙样表面的压力；振动时间的长短确定了压实功的大小。因而，沙样级配、含水量、表面单位压力、振动频率、振幅和振动时间都能影响沙样最终的密度。考虑六种影响因素做交叉振动试验，试验量无疑是非常巨大的。所以，必须寻找风积沙沙样在各个影响因素下干密度的变化规律，使试验量减少，而且分析出风积沙的振动压实特性。

（2）试验材料同重型标准击实试验。

（3）考虑振幅、频率、含水量、填料方式、表面单位压力等多种因素。

①振动时间对干密度的影响：风积沙沙样（不论是干沙还是有一定含水量的沙样）随着振动时间的延长，会出现振实-振松-振实现象，因而振动时间并非越长越好。原因是：开始振动时，沙颗粒间互相移动，互相填充，逐渐密实，此时振动仍在继续，填充密实的颗粒之间又产生移动，密实状态被破坏而变得疏松，随着进一步的振动，沙样颗粒重复填充，沙样又被振实，由于沙颗粒在激振力作用下的移动是无规则运动，因此两次密实状态之间的时间间隔不定。

含水量较小时，振动压实到密实状态所需时间较长，随着含水量的增大，所用时间有逐渐缩短的趋势，这是因为含水量较小时，影响沙样颗粒间移动的阻力较大。随着含水量的上升，阻力也逐步变小，这与击实试验的结果是吻合的。沙完全干燥时，黏聚力几乎为零，干沙压实所需时间较长，这是因为：沙样干燥时由于黏结力几乎没有，沙样颗粒跳动较为活跃，表面强度远小于有含水量时。当振幅固定在频率较高时，沙样颗粒间的移动较快，达到密实的时间相应较短，干密度值相应较大。因此当振幅受到限制时，振动压实应尽量采用高频。振幅对干密度的影响较大，相同条件下振幅越大，所得干密度值越大。振幅的增大提高了压实功，因而干密度会明显上升。

②表面单位压力的影响：干沙在振动压实过程中有表面静压力存在，干密度会明显增大。这是因为有配重块在沙样表面时，阻碍了部分沙样颗粒的无规则跳跃，使其向颗粒间的空隙填充；配重块的压力，帮助克服沙的内摩阻力，使沙变得更密实。干沙在 4kPa、7kPa、13.8kPa 表面压力下干密度变化不明显，甚至出现波动。主要是因为：在振动过程中，配重块与沙之间几乎没有位移或位移很小，对沙样表面几乎没有形成冲击或冲击很小，而且风积沙为干燥状态时，内部黏聚力极小，4kPa 的表面压力加上振动台的作用，足以克服其内部黏聚力。这说明干沙的振动压实试验无须很高的表面压力。

③含水量、级配和填料方式对干密度的影响：随着含水量的变化风积沙的振动压实曲线为双峰值压实曲线。与风积沙的标准击实试验表现出的规律

一致。风积沙在含水量为 0% 时振动所得干密度值较大，几乎等于甚至超过了最佳含水量下所得值。不同试验条件下，含水量对振动所得最大干密度影响较大，随着含水量的变化，不同级配、振动层数下的振动试验结果均表现为双峰值，从不同级配组成的风积沙沙样的试验结果看出，含水量为 0% 时所得干密度值较大。含水量在 2% 左右时所得干密度值最小。风积沙振动压实的填料方式，即分层将沙样填入试筒中，对振动压实的结果也有影响。即分三层填料效果明显好于一层填料所得干密度值。

对于不同级别的风积沙，在不同频率下进行振动试验，三层填料干密度要优于一次填料干密度。风积沙级配组成的变化，直接影响到最大干密度的大小。互相比较，当细集料含量为 0% 时，所得干密度为最小。根据颗粒互相填充，挤密的原理，若级配不良，不含细集料时，大颗粒间空隙较大，无法达到空隙率最小的振动效果。

（4）振幅、频率对干密度的影响：试验证明，影响风积沙干密度大小的，并不是振幅或频率某单一因素，而是和两者都有关联的因素 - 振动台的加速度。振动机械的加速度是其工作能力的一种体现，加速度值越高，工作能力越强，反之则相反。

①干沙：振动台加速度越大，表面压力越高，风积沙得到的压实功越大，试验时沙样在试筒中翻动得越彻底。但对于干沙，过高的加速度和表面静压力，可能会引起风积沙的过振，干密度反而下降。当没有表面压力时，即使加速度很大，干密度值依然很小。增加表面单位压力后，相同条件下，干密度值明显增大。另外，加速度很小时，即使表面压力增大，干密度依然很小。因而，可以得出，表面单位压力不需过大，在 4kPa 时可获得相对较大的干密度值。

当加速度达到 9g 时，随着表面单位压力的变化，所得干密度最大值也随之变化，当表面单位压力为 13.8kPa 时，随着加速度的增大，最大干密度值也随着变化，当加速度为 4g 可得到较大干密度值。因此，对于干沙推荐在振动加速度为 4g，表面单位压力为 4kPa 时，进行振动试验可获得较大干密度值。

②湿沙：相同试验条件下，湿沙所得干密度，明显均低于干沙振动试验所得干密度值。没有表面静压力条件下，干密度随含水量的增加变化很小，

也明显低于其他不同表面压力下在相同含水量试验条件下所得干密度值，在相同含水量条件下，当加速度大于 4g 时，干密度值随表面单位压力的变化基本不变，出现波动，表面单位压力为 4kPa 时所得干密度与 7kPa、13.8kPa 非常接近，由此可得：对于湿沙，振动台加速度应大于 4g，表面压力大于 4kPa。

2. 表面振动试验

表面振动压实是指将能产生一定表面静压力的压块置于沙样表面，在振动电机振力的带动下振动，对沙表面形成连续冲击，冲击力在沙颗粒间是以振动波的形式传播，振动力的作用克服沙颗粒间的内聚力，使沙颗粒互相移动，逐渐靠近，变得密实。影响风积沙表面振动压实的因素有风积沙的含水量，振动频率、振幅等。试验说明如下。

（1）试验设备。此试验采用的 BYZ-1 型表面振动仪，依靠振动电机及配重压块产生表面压力；振动频率 47.5 ~ 50Hz、振幅 0.35mm；振动加速度 3.5g。设备为西安公路研究所自行研制。

（2）对于干沙采用不同的表面压力、不同的振动时间和不同的填料方式；湿沙填料方式为三层，在不同振动时间、表面压力和含水量条件下进行对比试验。

表面振动压实，有如下结论。

①风积沙在表面振动作用下，干密度随含水量的增长，可以得到一条和重型击实、底部振动结果相似的振动曲线，这是风积沙的特有性质。

②表面振动压实振动时间并非越长越好，随着振动时间的延长，会出现振密 - 振松 - 振密现象。表面压力对干密度是有影响的，和底部振动不同的是：表面压力的不同，直接影响表面振动压实仪的振幅，从而进一步影响了对被压实风积沙所做压实功。干沙时，表面压力大时，所得最大干密度值较大，湿沙时，表面压力为 7kPa，比 13.8kPa 时所得干密度大。

④不同的填料方式对干密度有影响，三次填料的振动压实效果，要明显好于一次填料。

⑤干沙时，对于相同试验条件下，表面压力的大小，直接影响振动所得干密度值的大小，当表面压力增加，干密度值有增大趋势，压力为 13.8kPa 在三层填料时所得干密度，大于压力为 7.0kPa 时的试验结果，而一层填料时所得干密度值较为接近。同时水对内摩阻力也有影响。

3. 重型击实机理

（1）风积沙处于干燥状态时，非常松散，黏聚力几乎为零，此时击实需要克服的主要是内摩阻力，击锤落到沙样上时，力以振动波的形式传播，沙样不但在垂直方向上受力，而且水平方向上也受力的作用产生跳跃式位移，所有这些位移的方向，总是朝着空隙较大的方向发展，从而颗粒得到重新排列，逐渐趋于密实。同时，由于在沙颗粒的周围存在未满足的应力场，可吸附相邻物质，所以其表面结构和内部不同，暴露在空气中，表面含有被吸附的薄膜。根据摩擦黏聚理论，固体之间引起滑动的正切力取决于固体的接触面积和接触处的抗剪强度，而接触处的变形可以控制接触处突起体的接触面积。由于薄膜的存在，真正的固体接触只可能在部分接触面上发生。由于石英类矿物的摩擦角要大于吸附薄膜中物质的摩擦角，使得干沙颗粒之间的内摩擦力相对较小，在冲击荷载作用下易于相对移动，嵌挤、填充。因而风积沙在重型击实过程中实现了颗粒的重新排列，小颗粒进入大颗粒空隙间和颗粒间互相靠近两个过程。所以，风积沙在干燥状态下可以得到较大干密度，即在击实曲线上出现第一个峰值。

（2）随着风积沙中含水量的增加，首先是水破坏了天然状态下干燥颗粒表面吸附膜的润滑作用，产生了水对石英类矿物的非润滑效应。根据美国 JAMESK、MITCHELL 所做的试验，用氯化钙干燥过的石英颗粒与石英块之间的摩擦角为6°，而潮湿状态下为24.5°。因而其内摩阻力增大；同时毛细水产生的毛细压力也阻止颗粒间的位移；另外，颗粒间会形成公共水膜，颗粒间因此有水膜连接作用。结合水不同于自由水，它具有一定的黏滞性、弹性和抗剪性。含水量较小时，水膜很薄，因而其连接作用很强，从而增大了内聚力。所有这些都导致沙样不易压实，阻碍沙颗粒相互移动，因而，风积沙从干燥状态下到含水量较小（2%）时，干密度急剧下降。

（3）含水量增大时，结合水膜逐渐变厚，水的黏滞性随着距沙颗粒表面距离的增加而减小，水在颗粒间的润滑作用逐渐增加，使得沙的内摩阻力逐渐减小；含水量的增加，也使更多的沙颗粒间有了毛细作用，由毛细压力产生的表面张力逐渐变大，所以，此时干密度值虽有所增长，但非常缓慢，有时甚至出现波动。随着含水量的进一步提高，结合水膜的连接力持续下降，毛细作用进一步增强，但当重力水出现时，沙样中的空气消失，毛细作用急剧减小，颗粒间的黏结力迅速下降，而干密度很快提高，这样在最佳含水量时得到最大值。

（4）超过最佳含水量后，含水量继续加大，沙的内摩阻力和黏结力还在减小，但单位体积内空气的体积已减到最小限度，而水的体积却在不断增加，由于水是不可压缩的，因此在同样的压实功作用下，沙的干密度值反而减小。沙漠中干旱少雨，水资源十分匮乏，风积沙作为路基材料，在最佳含水量条件下压实是不现实的，也是不可能的。风积沙的这种压实特性为其干压实提供了理论依据。

4. 振动压实机理

在沙的压实过程中，沙颗粒的组成对所能达到的密度起着很大作用。由相同粒径颗粒组成的均匀沙的密度与互相接触的沙粒的排列位置有关。假定相同粒径的沙粒都是球状颗粒，这些颗粒排列得最疏松时，每个颗粒与其相邻的颗粒有 6 个接触点，此时有 48% 的孔隙；排列最紧密时，每个颗粒与其相邻的颗粒共有 12 个接触点，此时只有 26% 的孔隙。实际上沙粒的粒径不可能完全相同，也不可能是标准的球体。这个假设只是用来说明，单一尺寸的均匀沙在压实过程中，可能发生的物理过程。天然沙常常是由不同粒径的沙颗粒所组成，在击实过程中，细颗粒填入粗颗粒间的孔隙中，使沙体的密实度增加。因此，单一粒径沙的密度通常最小，由此推断，各种不同粒径颗粒组成的风积沙，可能达到的密度经常大于单一粒径沙的密度。

风积沙的压实试验是指风积沙颗粒间的空隙达到最小。要使所得干密度值较大，有两种情况：一是风积沙的小颗粒要填于大颗粒的空隙中间；二是颗粒之间的空隙达到最小。由试验可得，风积沙的振动压实试验可满足这种要求。由试验数据可知，当振幅固定时，频率升高可使干密度增大，同时频率固定，振幅加大，干密度同样增大。这说明利用振动台对风积沙进行振动压实时，在高频低幅和低频高幅条件下，可以得到相同的结果。真正影响风积沙压实效果的并不是振幅或频率，而是振动设备的加速度。同时可以得出如下结论。

（1）除去调节振动台时的认为误差因素外，不管频率、振幅如何变化，只要在同一加速度下振动压实风积沙，所得干密度值相差不大。

（2）随着加速度的增大，干密度变大。试验证明，振动台加速度的大小，直接影响风积沙颗粒间内部黏结力的大小，其机理解释如下：对于干沙，其内部黏结力本身很小，在振动冲击的作用下，由静止的初始状态过渡到运动状态，颗粒间的摩擦力，也由初始的静摩擦状态进入动摩擦状态。风积沙的每一个颗粒，都受到和振动台一样的加速度作用，加速度作用形成的力，消除了其内部黏结力。利用十字板剪切仪试验，加速度在 $0.2 \sim 0.5g$ 时，沙的内摩擦力已经减小，消除全部内摩擦力的最小加速度约为 $1.0g$。振动的有效性在于沙样颗粒间所产生的压力波。当风积沙有一定含水量时，这些波对水分子的移动，要大于对沙样固体颗粒的移动，这就相当于水分在颗粒间来回运动产生水压力。对水的流动何处限制最大，则其压力也最大。因此，压力在颗粒间距最小处增大，迫使间距加宽，导致内摩擦力大大减小。风积沙的水分是决定其内部黏结力的主要因素。

为研究在振动压实时风积沙颗粒的运动规律，将试样中不同粒径的风积沙颗粒，分别用筛分的方法筛出，染上不同的颜色，放置在由有一定强度的有机玻璃制成的透明容器中，然后将容器固定在振动台台面上随台面同时振动，在振动过程中发现，风积沙颗粒会随着振动台的振动形成翻动，干沙在振动台振动加速度大于 $2g$，湿沙在加速度大于 $4g$ 时，风积沙会翻动起来，并且随着加速度的增大，翻动的幅度、范围都会加大。加速度增加时，颗粒所受力增大，所以翻动幅度、范围都会变大。当风积沙有一定含水量时，由于有水的毛细作用，其颗粒间的黏结力要远远大于干燥状态。因此，湿沙形成翻动所需加速度要大于干沙。风积沙的这种翻动实现了沙颗粒大范围的重新排列，并且翻动时，沙颗粒总是朝着有空隙的位置移动，因而粒径较小的沙颗粒，得以填充到粒径较大的颗粒空隙中间。所以振动实现了风积沙颗粒的重新排列，小颗粒进入大颗粒之间的空隙。在振动的同时，有配重放于沙体上，不但能产生一定的表面静压力，而且在振动过程中，对沙体会形成冲击，对风积沙做功，使沙颗粒进一步靠近，空隙逐步减小，沙样变得密实。显然，振动压实，这种对风积沙试样的双重作用，要优于重型击实，因此，振动压实能得到比重型击实更大的干密度值。

(三) 不同压实方法分析及结论

1. 风积沙不同压实方法在不同含水量下的干密度试验结果

分析风积沙不同压实方法发现: 底部振动法要好于重型标准击实法; 而重型标准击实法又好于表面振动法。

(1) 在干沙和接近最佳含水量时, 底部振动法要明显好于重型击实法; 而在含水量 1% ~ 8.5% 范围内, 重型击实法所得干密度要高于底部振动法。

(2) 底部振动法明显好于表面振动法。

2. 不同压实方法的压实功分析

(1) 重型标准击实试验时, 将沙样分层放置于标准的击实筒内, 采用 4.5kg 的击实锤, 利用落差 45cm 进行一定次数的击实, 作用于沙样的功可根据物理学的方法计算。

(2) 底部振动: 分析产生表面单位压力的配重块对沙样的作用情况。开始时, 配重块随着击实筒一起运动, 在向上运动周期的末期, 当振动台加速度大于重力加速度时, 配重块将和击实筒分离, 并随着加速度的增大, 配重块和击实筒之间的距离加大。在每个周期的后半时, 击实筒中的沙体会和正在落下的配重块形成冲击, 冲击形成的压实功, 是风积沙颗粒互相靠近的主要因素。在试验过程中, 发现随着振动台的振动, 沙颗粒产生横向、纵向移动, 在配重块与试筒间存在风积沙颗粒, 配重块上、下运动时则受到风积沙颗粒的摩擦阻力, 影响其实际作用于沙样表面功的大小。另一方面, 由于配重块与试筒间本身存在摩擦力, 也影响配重块的运动过程, 因此, 在考虑配重块单位压实功时应考虑上述影响, 对作用于沙样表面的压实功应按一定的系数折减。

在分析振动试验过程中, 沙样得到压实功时, 还应考虑振动台在做简谐振动时对沙样所做的功, 它包括沙样颗粒自重和配重块两个方面的因素。理论计算时, 假定风积沙在整个振动过程中是一个密度均匀的整体, 配重块自重对沙样表面的影响也假定为不受其他因素的影响, 整个重力全部作用在沙样表面。利用简谐振动方程式, 可推算出振动过程中振动台对沙样自重所做的功。

3. 压实方法的试验结论

（1）从含水量为1%～8.5%这一段，重型击实所得干密度要大于振动压实，这是因为：当风积沙中加入水以后，由于水的毛细作用，加大了沙颗粒间的黏结力，而且在含水量为2%左右时黏结力达到最大，以后随着含水量的加大，在毛细作用和水的润滑作用双重作用下，沙的内部黏结力逐渐减小，直至达到最佳含水量。当沙体内部黏结力较大时，振动加速度产生的颗粒间的作用力，不足以克服其黏结力，沙体颗粒不能重新排列，或形成重新排列的范围很小，而重型击实所产生的击实功，又大于振动台表面静压力所做功，因而所得干密度击实法要大于振动法；在完全干燥和最佳含水量附近时，沙样内部黏结力相比较小，沙颗粒重新排列的数量要明显增多，而且，压实所需压实功相对较小，因此振动法要好于击实法。风积沙完全干燥时，没有水的作用，沙样颗粒得以完全重新排列，这也是干沙在振动压实时所得干密度，往往要大于在最佳含水量时所得干密度的原因。

（2）采用击实法进行试验时，含水量超过最佳含水量后，风积沙干密度迅速减小；采用底部振动法时，干密度下降缓慢。这是因为当风积沙中的含水量增加时，水在其中起的润滑作用也在增加，同时水又是不可压缩的，当由于水的不可压缩引起的干密度减小作用，超过其因润滑引起的干密度增加作用时，干密度反而下降，所以会有最佳含水量的存在。底部振动压实时，含水量在超过最佳含水量时，干密度下降很缓慢。

（3）底部振动法要明显好于表面振动法，原因有以下三个方面。

①表面振动仪振动加速度很小，只有3.5g左右，激振力也只有3kN，对风积沙颗粒的重新排列作用不大，对沙样所做的功也很有限。

②底部振动时，沙样的每一个颗粒所受加速度，都和振动台所产生的加速度是一致的，表面振动只是在沙样表面所受加速度，是和表面振动仪是一致的，而随着厚度的增加，加速度有所衰减，因而所产生的能量也有衰减。

③为了保证沙样所受表面静压力，表面振动所用击实筒直径为280mm，是底部振动所用击实筒的3.5倍，这也是影响干密度的原因之一。

风积沙被压实后，大的颗粒间都有一定距离，且有小颗粒填于其间，颗粒间的空隙也很小；天然状态下的风积沙颗粒间的排列无任何规律可言，而且颗粒间的空隙很大。这说明要使风积沙压实达到理想的密实效果，有两种影响因素：一是风积沙的小颗粒，要填于大颗粒的孔隙中间；二是使颗粒之间的孔隙达到最小。因此必须使风积沙颗粒重新排列。为此无论采用何种压实方法，必须克服风积沙的内摩阻力和内部黏结力。内摩阻力受风积沙级配和颗粒形状影响；内部黏结力主要取决于其自身含水量情况。为克服风积沙的内摩阻力和内部黏结力，必须有一定的压实功和合适的压实方法。振动压实可以减小内摩阻力和内部黏结力的大小，使风积沙颗粒处于运动状态，实现颗粒的重新排列。风积沙颗粒因为细小，在肉眼看来似浑圆形状，在电镜下观察，一样具有棱角，重新排列的结果使细小颗粒进入大颗粒之间的空隙，而且使颗粒之间互相靠近。因此对于风积沙的压实，振动法要优于重型击实法。振动设备加速度的大小可以改变风积沙颗粒重新排列所需时间和振动压实功的大小，加速度越大，颗粒重新排列所需时间越短，振动压实功也随振动加速度的增大近似呈线性增长。完全干燥的风积沙内部黏结力几乎为零，只需克服内摩阻力即可压实水在风积沙中起双重作用，一是润滑作用，二是增大内部黏结力，对压实效果的综合影响取决于含水量的大小。因此具有一定含水量的风积沙压实时应采用较大的振动加速度。对于含水量较小的风积沙，因其内部黏结力很大，可以通过增加振动时间的方法来增大压实功，以使沙颗粒重新排列，沙颗粒间互相靠近。但振动时间并非越长越好，振动时间变长，虽然增大了压实功，使颗粒更加靠近，但也可将排列好的、空隙较小的风积沙颗粒重新振乱，干密度反而变小。在加速度与振动时间之间，应有最佳组合，可以通过试验确定。

（四）风积沙最大干密度的确定方法

风积沙压实方法有重型标准击实、底部振动、表面振动三种。试验证明，对于风积沙的压实，底部振动法最为合适。

1.底部振动法确定风积沙最大干密度的适用条件

振动台法可以利用较小的击实功使风积沙的颗粒重新排列，从理论上说，振动法获得的最大干密度值应始终大于重型击实法获得的最大干密度值；但重型击实的击实功相对较大，因而对于一般的黏性土，重型击实更适用一些。因此，如果风积沙中粒径小于 0.074mm 含量越大，其某些性质应越接近黏性土的性质。不断改变小于 0.074mm 粒径的颗粒含量，采用两种试验方法进行对比，振动试验时应用能够调幅、调频的振动台，表面单位压力 13.8kPa，振动 2min，频率为 50Hz，振幅 0.8mm。

2. 风积沙最大干密度的试验方法的确定

（1）不论采用重型标准击实还是振动压实，风积沙干密度随含水量的变化可都得到一条双驼峰的压实曲线，峰值分别产生在含水量为零及最佳含水量处，这是风积沙的特有性质。

（2）对风积沙的压实，底部振动要优于重型击实及表面振动。尤其当风积沙含水量为零时，底部振动要明显优于重型击实。底部振动在含水量为零时所得最大干密度与最佳含水量时所得最大干密度比较接近，甚至超过最佳含水量时所得到的最大干密度值。

（3）随着风积沙中粒径＜ 0.074mm 的颗粒质量百分含量的增加，振动压实的最大干密度逐渐减小。因此确定风积沙最大干密度的试验方法可分为重型击实法和底部振动法，可根据 0.074mm 的颗粒含量选定。

（4）确定风积沙最大干密度的试验仪器分为两类：一是标准击实仪及附属设备。二是底部振动台及击实筒、配重块等附属设备。

3. 干振法确定风积沙最大干密度的试验方法及仪器

根据风积沙具有的压实特性，特确定最大干密度的试验方法和仪器如下。

（1）适用范围：此方法确定的风积沙最大干密度值用于衡量风积沙在天然含水量状态下（或洒水状态下）机械分层碾压的压实情况。

（2）仪器设备：①小型振动台。外形尺寸 50cm×50cm，振动频率 2860 次 /min，振幅大于 0.4mm（或振动台的加速度大于 4g），最大载重 75kg，固定于混凝土基础上，且具有足够的刚度。

②试模。试模采用中粒料标准击实筒。主要包括试筒、套筒、底板等。试筒内直径 15.2cm，高度 17cm。套筒内径与试筒相同，高 5cm，套筒与试筒应配套一致，且与试筒紧密固定后内壁成直线连接，底板为标准击实筒所配置的底板。

③配重。由不同重量、直径为 15.1cm 的铸铁块制成。要求表面光滑，由铁杆穿起，便于提拿。在能于沙体表面配制到规定的单位压力。

④其他工具如：秒表、烘箱、天平、台秤、试样盘、毛刷、刮刀、铝盒、平直尺、筛子等试验所用工具。

(3) 方法与步骤：①备料：在工地取具有代表性的沙样经过筛后，将试样烘干后可供使用。

②检查试验所用设备和仪器，振动台应经检验合格。

③试验步骤：将试模固定于振动台上。

填料采用三次填料，最后一次填料将风积沙填满试筒并高出试筒2~3cm。

振动：将配重垫块放于沙样上，启动振动台，振动时间分为1、2、3、4、6、8min等。

刮平：按拟定的不同时间振动结束后，取掉5cm高的活动套筒，采用刮刀、平直尺沿试筒上沿口刮平。刮平时刮平刀方向应相互垂直。

称重：用毛刷将试模外缘及底板周围风积沙刷干净，用台秤称取试筒风积沙及底板重量，并称取试筒和底板自重计算出风积沙干重。或将风积沙倒出后直接称取风积沙重量。

以干密度为纵坐标，以振动时间为横坐标绘制出干密度与振动时间的关系曲线。曲线上的峰值点为最大干密度和最佳振动时间。如果曲线不能绘出明显的峰值点时应进行补点或重做。

一般情况下该试验应以三次平行试验结果的平均值作为风积沙在干振条件下的最大干密度值。若三次平行试验所得最大干密度值相差大于0.03g/cm³ 应重做，以便能够保证试验结果的准确性。

4.施工现场确定风积沙最大干密度

室内试验建议底部振动压实时振动台加速度应在4.0g以上，这是在可以调频、调幅振动台上所拟定的试验加速度。但是市场上能够购置到的振动台大多为建筑上所用混凝土振动台。其参数大致如下：外形尺寸500mm×500mm，振动频率2860次/分，振幅0.3~0.6mm，最大载重75kg，振动加速度为3.0g。

为使用此种振动台同样能得到较为理想的风积沙最大干密度，将底部振动压实试验进行如下调整。

(1) 备料、振动试模选择和资料整理等同室内底部振动试验。

（2）填料方式分分层和不分层两种方式。

（3）振动时间一般可分为 0.5、1、2、4、6、8min 等。

（4）振动时，试模分固定和不固定两种方式。试模不固定时，会随着振动台的振动而随意振动。

（5）增加风积沙的饱水振动试验。原因如下：一是有含水量存在，振动时有水析出。饱水时同样如此，则可形成水坠作用，利于压实；二是饱水状态下，风积沙的内部黏结力为零，同样利于风积沙的压实。

二、风积沙路基压实度检测仪器及方法

目前在道路施工中，即使是高等级公路，压实度的检测仍然用环刀法和灌沙法。这些方法，首先得到土的湿密度，然后按含水量的大小换算成干密度，将干密度与标准干密度相比，即可获得路基实际的压实度。风积沙土质松散，检测时土样容易发生扰动，改变原有状态，使检测精度受到一定影响。而且风积沙黏结力严重不足，在含水量＜3% 的情况下，无法用规范规定的环刀法或灌沙法获取压实度值。以前有时采用把仪器安装在某种压实机械上，利用轮迹、压实遍数、振动轮的某项振动参数来测定沙基的压实度。但必须事先标定，然后用相对比较的方法测出压实度。由于工地现场环境的复杂性和没有考虑含水量因素，加之路基沿线风积沙级配的变化，这种方法不可能给出压实度的正确数值，只能定性地衡量沙基压实度效果，无法量化，与现行公路工程压实检验标准不相适应。因压实度与风积沙路基的强度和刚度关系密切，所以必须定量地测定风积沙路基的压实度。这就需要寻找快速且有效的风积沙压实度检测方法。

（一）主要测试仪器及方法

经调研分析，对能够适用于测定风积沙密度的仪器和方法分为两类：第一类属于破坏性试验，第二类属于非破坏性试验。

第一类：破坏性试验方法主要有环刀法、洒水环刀法、护筒灌砂法。对于风积沙路基，当含水量达到一定值时，用环刀法尚能进行；含水量较小时，环刀法无法取样时，采用洒水环刀法取样进行密度测定，在含水量较小时也可用灌砂法测定，先将套筒击入风积沙路基中，防止试坑坍塌，再采取

灌沙法测定密度。

第二类：非破坏性试验方法主要有三种仪器：核子密度仪、落锤式路基压实度快速测定仪和表面波路基密度仪，它们均采用间接方法测定风积沙现场密度，试验前均需进行标定，进行对比试验，确定参数，利用所测物理参数对应换算为密度或密实度。这些方法具有不扰动沙样、简单、快捷的优点。

（1）环刀法使用三种不同规格的环刀。

①高5cm、直径7cm的环刀。这是规范规定的环刀，在此称为小环刀。

②高10cm、直径7cm的环刀。为增大体积及测量深度，简称长环刀。

③环刀高及直径为15cm。简称大环刀，大环刀及所用取土器需重新加工。

（2）洒水环刀法：风积沙含水量较小时，不能使用传统的环刀法，因此考虑加水使风积沙含水量增大，然后用环刀法进行测试，这种方法称之为洒水环刀法。洒水环刀法所用环刀为小环刀。先在压实好的风积沙路基表面将环刀压入，并在其上放一块布，将水缓慢地倒在布上，保证水缓慢、均匀地渗入沙中，等待5~10min后，将含沙的环刀取出，进行测定。

洒水后风积沙路基表面将下沉，但下沉量极小，这说明在洒水过程中测定密度沙体的干密度稍有所变化，原因是：当洒水速度很慢时，水在沙体空隙中的渗透速度很慢，有一部分极细颗粒被水流带下，朝大颗粒为骨架的空隙中填充，使沙体的密实度稍有增加；但由于渗透速度较慢，没有足够的能量将大颗粒带走，对密度的影响很小，可以忽略不计。

（3）护筒灌沙法跟传统灌沙法的原理是基本一致的，但由于在沙基中挖洞后，要在其上放置重达9kg的灌沙筒，沙基很容易形成坍塌，而对于干沙则根本不可能实现挖洞操作，从而传统灌沙法无法实施。因此采用体积较大的环刀，如上述环刀法中的长环刀或大环刀。先将此环刀打入沙基来加固洞壁，再将其中风积沙挖出称量，随后进行灌沙。

（4）落锤法：采用LY-1型路基压实度快速测定仪，由重锤（含传感器）、三脚架、控制检测装置组成。控制检测装置由电源（包括蓄电池组及直流电源变换器）放大器、滤波器、显示器、欠电压检测指示等硬件电路及集成分析软件组成。

落锤法测定压实度原理如下：装有传感器、重 4.5kg 左右的重锤，以恒等高自由落下，给路基一个瞬间冲击，或者说给路基一个恒定的冲击能量，冲击瞬间释放的冲击能量被事先安置在锤上的加速度传感器所接收，获得加速度响应值，这个检测到的信号，通过放大、滤波、峰值采样、A/D 转换、信号分析和处理，得到路基土的压实度测量值，并由数字电压处理机于打印设备中输出。一般来说，路基土密实程度不同，对冲击能量的吸收也不同。路基土越密实土体吸收的能量越小，反射回去的能量就越多，传感器检测到的冲击响应信号就越大；反之，路基土越松散，土体吸收的能量就越多，反射回去的能量就越小，传感器检测到的冲击响应信号越小。因此落锤法可以根据测定的传感器响应值来确定沙基的压实度。

（5）表面波法：仪器为 BAJ-3B 型表面波压实密度仪，由电源、功率放大器、程控波形发生器、参考信号发生器、放大器、滤波器、相位检测器、计算机、存储器、显示器、欠电压检测指示等硬件电路及软件组成。表面波压实密度仪是以表面波理论为依据，采用电磁、电子及信号处理等高科技研制的新型快速无损检测仪器。表面波是一种弹性波。在半无限弹性介质表面进行垂直激荡时，介质中质点产生相应的纵向和横向振动，使介质表面的质点做椭圆运动，其振动沿介质表面层传播，产生表面波。

（6）核子密度仪的主要功能是测定材料的湿密度、含水量、干密度及根据已知的标准干密度计算出压实度。其密度测试原理是根据放射性射线穿过物质时要发生衰减，衰减量的大小与物质的密度成正比，这样通过测量放射性射线的衰减量就可以反推物质的密度。测试方法有两种：透射法和反射法。透射法需在被测路面上打一孔洞，将探杆插入孔洞内适当深度，路基检测应采用透射法；反射法则无须打孔，是一种无损检测，沥青路面密度检测时采用反射法测定密度。

（二）技术关键

现场测定含水量，十分麻烦费时，水滞频段的发现，解决了这一难题。其原理如下：路基土的冲击响应信号的频率范围根据土种、土质、含水量和压实度的不同而异，一般为 1~800Hz。试验发现，同一压实度，不同含水量的一组试件，在相同的条件下进行冲击，在某一频段内，有相同的冲击响应值。这说明在这一频段内，水分对冲击响应不敏感，具有水滞现象，此频段称之为水滞频段。通过试验确定使沙基冲击响应值频率处在水滞频段内的锤头质量，并且选择合适的前置放大器和加速度传感器，使频率分布、动态范围符合沙基测试要求；同时在锤头安装机械滤波器，在放大器前安装低通滤波器，提高响应值的分辨率。使用落锤法时，首先对仪器进行标定。在得到风积沙最大干密度的基础上，即可完成对沙基压实度进行的定量测定。

(三) 测试仪器的优缺点比较

1. 小环刀

设备简单，操作方便，测量精度较高，且为规范规定方法，人们容易接受。通过使用微波炉测试含水量，检测时间大大缩短；小环刀受含水量条件限制，含水量 < 1.5% 时沙样无法取出，含水量 < 3% 时，沙样容易引起扰动，测试精度影响较大，需测试含水量。

2. 长环刀

操作方便，测量精度比小环刀要高，同时可作护筒灌沙法的护壁；需自行加工环刀，需测定含水量，作为长环刀护筒灌沙法，环刀体积偏小。

3. 大环刀

体积较大，不容易引起操作误差，精度较高；需自行设计加工定向器、环刀等。大环刀护筒灌沙法操作时间较长，需测定含水量，用标准沙进行标定。由于体积较大，对路面损害较大。

4. 核子密度仪

测试时可同时测定含水量及干密度，操作时间较短，且为无损检测；在沙基上测试精度较差，设备复杂，需专业人士。含水量较小时，打孔后易坍塌，仪器昂贵，且考虑是放射性元素，一般情况，不选此方法。

5. 落锤法

无须测定含水量。操作简单，测试时间短，可对全路段进行快速测试，为无损检测；仪器使用前需进行标定，对于不同级配风积沙需进行多次标定。

6. 表面波法

仪器安装在被测材料表面，无须钻孔即可进行测试，仪器安装、操作方便。无须测定含水量，测试速度快。可以进行全面检测来评定施工质量；仪器使用前需进行标定，对于不同级配，需多次标定。对操作人员要求较其他测试方法要高。

7. 洒水环刀法

可以在含水量较小时进行测试，设备简单；操作方便，测试速度较快，精度能满足要求。

三、风积沙路基的压实标准

路基压实是保证路基强度和稳定性的关键，而路基压实标准是控制路基压实质量的关键指标。现有规范中建议对于风积沙路基的压实标准可在一般土方路基压实标准的基础上，压实度适当下浮 1% ~ 2%。在沙漠路基施工时，采用标准击实法确定的最大干密度值来衡量路基压实度相对较容易超过土方路基压实度规定值，且常常压实度大于 100%，资料也不好处理。因此，对风积沙路基应确定新的压实标准，使其更加合理，更具经济性。

(一) 压实标准的影响因素

1. 压实机械和施工工艺的影响

路基现场压实就是要靠压实机械的多次重复碾压，提高材料的压实干密度值。对于一般黏性土来说，随着压实遍数的增加，干密度随之增大，压实度也随之提高，当压实度达到一定程度后，随着碾压遍数的增加压实度提高的幅度很小，甚至不变，可以说达到了最大的压实程度。但风积沙与之不同，采用碾压设备分层压实后，因风积沙无黏性，黏聚力极小使得表面存在 10cm 左右的松散层，消耗了压实机械的部分压实功，根据室内试验研究表明，风积沙存在振密 – 振松 – 振密的过程，经压实的风积沙若继续增加压实遍数有可能将导致已经压实的风积沙干密度下降，因而碾压遍数具有一定的影响。

常规路基的施工机械包括挖运、摊铺、碾压、整型等各个工序所用施工设备，经工地现场试验，常用的运输车辆、洒水车、拖式振动压路机等设备在风积沙路基上无法行走，根据目前施工企业所拥有的压实、运输设备在风积沙路基中能够用于压实的设备有前后双驱动的自行式振动压路机和推土机，这样，限制了大型拖式振动压路机的适用。每种压实机械有其较为固定的振动频率和压实功率，其机械性能的优劣影响对风积沙的作用力，进而影响到风积沙压实的效果，当机械性能差时只能通过增加压实遍数来提高压实功方可压实风积沙。因而，确定风积沙压实标准应与施工机械相适应。

2. 路基稳定性要求的影响

风积沙属于透水性较好的材料，试验研究表明，风积沙具有压缩性小、稳定性强、沉降量小的优点，且受气温、含水量影响较小，也不受不利季节的影响，当压实度达到一定程度后路基在行车荷载作用下变形量较小，发生路基沉降、变形、路面裂缝等病害较少，因而应有一定的标准。

根据风积沙静力压实特性的研究成果，风积沙压实后的 CBR，回弹模量、压缩模量均与压实度是很好的线性关系，也就是说，压实度越高，风积沙路用承载能力越好，抗变形能力越强，在外力和自重应力作用下变形量越小，但压实度达到一定程度后，风积沙压缩模量，回弹模量随着压实度的增加变化幅度较小，因而，确定压实标准应结合承载能力的变化规律，使之达到较为合理的程度。

4. 路基设计参数的影响

路基设计参数 – 路基回弹模量值，与路基压实标准有着密切的关系。对同一种路基填料来说，压实标准越高，其路基回弹模量值越高，这对于路基设计非常有利，它直接影响到路面结构厚度。当设计弯沉值一定时，对路基回弹模量值越高，路面越薄。因面，对于路面设计来说，压实标准越高越好，有利于保证路基稳定性，又能控制路面造价，但在实际施工时，也不可能无休止地提高压实标准，过高的压实标准又要投入大量的机械台班，太高时甚至无法达到，因而，压实标准的确定应在一定范围内尽量提高，使路面设计中所取的沙基回弹模量尽可能提高。

(二) 风积沙路基的沉降分析和测定

路基的沉降变形是由材料的体积压缩变形和剪切变形产生的。土体产生体积压缩变形，由于在压力作用下土中空气体积压缩和水的排出产生的。土颗粒和水的体积压缩变形非常小，故可略去不计。当土体三向压力不相等时，也将产生剪切变形，过大的剪切变形将会使路基失去稳定状态。大量的试验结果表明，当路基处于稳定状态时，其沉降变形主要是由土体的体积压缩变形引起的。因此，在一般的规范中，通常按照路基土体无侧向变形计算沉降变形，随着对土体沉降变形研究的深入和工程中对路基沉降变形计算准确度要求的提高，人们已提出了考虑土体侧向变形的沉降计算方法。

对风积沙路基而言，沙颗粒间孔隙通道畅通，土中水的排出所用时间很短，路基沉降随时间的变化主要是由于骨架蠕变的结果，另外也有外荷载随时间变化的原因。

作用于路基上的荷载包括路堤填料自重和作用于路基上的车辆荷载等外荷载。根据这两种荷载作用的特点，通常将路基沉降变形划分为路堤的变形和地基的沉降变形两部分。地基在本身自重作用下的沉降变形早已完成，因此其沉降变形是路堤填方荷载和车辆荷载作用的结果。对路堤的变形则既要考虑车辆荷载的作用，又要考虑分层填料自重的作用。路堤在分层填料的过程中，受到碾压机械的超固结作用，其压实体的变形特性产生了显著的变化，目前人们对路堤变形机理的认识并不十分深入，一般对填方较低的路堤，通常认为其沉降变形可以忽略不计，近年来，随着工程中高填方路堤的增多，其沉降变形规律逐步得到了重视。

第二节 路基施工技术

一、风积沙路基施工特点

(一) 沙漠地区环境对施工的影响

1. 气温对施工的影响

沙漠地区一年中气候多是冬季寒冷并且漫长，春秋两季多大风并伴有风沙飞扬，夏季又多有强阵雨等天气。这些极大地影响到公路建设的有效工期，使得一年中适合建设的有效天数较少，增加了建设周期，同时这些天气还会造成沙害、水毁等公路病害。

沙漠地区气候干燥，风积沙天然含水量只有 1% ~ 2%。采用现行规范进行的重型击实试验的最大干密度所对应的最佳含水量一般为 14% ~ 16%，沙漠地区的取水困难，如果采用最佳含水量进行施工并不现实，只能在风积沙天然含水量的条件下进行施工。这就需要进行相关的试验研究。

2. 风对施工的影响

风沙天气是沙漠地区特有的自然现象，在干旱、半干旱沙质荒漠及部分亚湿润干旱沙地地区，风沙成为自然灾害之一，对路基施工造成很大影响。风沙灾害的基本类型有两部分，即风蚀和沙埋。这两种过程相互联系共同发生作用，其实质就是风力作用于沙质地表而引起的沙物质吹扬－搬运－再堆积过程。沙漠公路沿线的风沙灾害具体可划分为四种形式。

(1) 掏蚀疏松沙地表在风力作用下沙粒脱离原位进入气流，形成风沙流而产生的物质搬运过程。这种沙害过程主要危害沙漠地区各种建筑设施和基础的稳定性。这一过程的物理机制：在起沙风作用下输出沙量大于输入沙量时的沙物质亏损。掏蚀过程主要破坏沙漠公路路基及边坡结构的稳定性，具体可划分为以下几种形式。

①破坏路基断面流场结构。研究表明，风速在路堤式断面的路肩与边坡交会部位达到最大，这是风蚀最强烈的部位，在不饱和风沙流的作用下这一部位被不断吹蚀；同时，当风沙流运动到路基附近时，能量急剧衰减，路基两侧形成涡旋区，形成边坡路基掏蚀。

②破坏路堑。当与路线斜交的风沙流进入 U 形槽后由于迎风边坡的阻挡，使风沙流产生反射回旋，反射回旋气流使边坡产生掏蚀而失去稳定性，引起沙体滑塌，导致路面积沙。

③引起防护体系倒伏或外露。阻沙栅栏背风侧因气流的复合和扩散使基部沙粒被掏蚀而失去稳定性，引起阻沙栏栅的倒伏而失效；半隐蔽式方格或条状固沙障，在风力较强的迎风坡或丘顶部位经常出现大片的掏蚀外露而形成风蚀口，风蚀沙在下风向堆积掩埋沙障，使固沙沙障失去应有作用。

(2) 风蚀观测表明，塔克拉玛干沙漠的风沙流中 98% 的沙粒集中在地表以上 10cm 高度内，高速运动的风沙流向公路路面，建筑物及油田设施表面造成吹打磨损，长期的吹打磨损导致路面面层变薄，建筑物设施表面破坏。

(3) 风沙流在运动中由于动力条件的变化，当含沙量呈饱和状时所挟带的沙粒产生降落、堆积形成积沙，掩埋沙漠地区的场地及民用建筑、农田、道路、水利设施。具体表现为以下两种形式。

①路基边坡积沙。当风沙流通过路基断面时，迎风边坡（包括路堤式路段边坡和路堑式路段边坡）使风沙流受到阻滞而产生积沙，背风边坡气流下沉形成旋涡，风速变小，形成积沙，边坡积沙继续发育，最后会导致路面积沙，影响公路的畅通、营运。

②路肩路面积沙。当路堤式路段边坡和沙发育到一定程度，积沙便发展到路基和路面，形成路面积沙；在路堑段，由于气流的旋涡作用，在 U 形槽内形成弱风区，气流挟带能力降低，使沙粒下沉聚积，形成积沙。

（4）沙体前移压埋公路各设施。在沙害严重地段，一场大风就可以形成 0.5～1m 的沙堆或沙丘，压埋防护体系或路面，导致防护体系失效和阻碍公路运营。

3. 降雨对施工的影响

由于风积沙颗粒细小，在水的作用下路基中较小风积沙颗粒易被水流带走，产生水毁病害。沙漠地区的降雨特点是降雨少但非常集中，多在夏季集中降雨，且为强降雨，同时风积沙的颗粒细小，不大的水流就可以将其带出路基造成路基病害。风积沙路基发生水毁主要有以下三种类型。

（1）边坡冲刷：雨水从路基边坡散排时将边坡风积沙或包边土带走形成沟槽，如果不处理沟槽会因流水能力的增强迅速扩展，路基破坏。

（2）路基淘蚀：主要发生在风积沙路基封层和包边土已完工后，雨水从封层浸入风积沙路基内部，并将风积沙携带出路基。路基表面可能只是小裂缝，而路基内部已经淘蚀成很大一个洞，随后塌陷。这种危害突然危害性较大。

（3）路基冲毁：雨水在风积沙路基表面形成汇流，水流通过路基处，因水流较大将路基风积沙大量携走，造成路基较大的破坏。

以上三种水毁类型的共同特点是刚开始时形成小的汇水通道，随着水流的增大快慢演变成不同的破坏形式。在施工中及时完善排水设施的同时，在雨季时还要经常检查路基，及时发现和排除可能发生路基水毁的隐患，减少工程损失。

（二）风积沙本身特性对施工的影响

沙漠地区有其特殊的工程地质性质，对路基施工的影响主要表现在以下四个方面。

（1）由于沙漠表面的风积沙常为松散状态，现行公路施工的一般压实机械、施工机械都不能直接在风积沙行走，只能选用推土机、自行双驱压路机等较轻型施工机械进行压实施工。

（2）路基施工完成后，路面工程的施工设备直接在风积沙路基顶面行走将会陷入沙中无法正常工作，这需要在风积沙表面再摊铺一层封层，这对于严重缺乏筑路材料的沙漠地区无疑增加了工程造价。

（3）沙漠地区公路的建设更多是地处沙漠边缘地区，这里相对沙漠腹地而言，地质多是固定沙丘、半固定沙丘以及河滩、湖泊相间的典型地貌，地下水位比较高，并伴有盐碱土、淤泥质沙土等不良土质。因此也会形成翻浆等病害，增加了路基施工难度。

二、风积沙路基施工机械的选型及组合

（一）沙基的振动压实

振动是指物体经过它的平衡位置所做的往复运动或系统的物理量在其平均值附近的来回变动。产生振动需要消耗能量，同时振动也可对物体做功，利用振动对路基进行压实就是其中一种。关于振动压实理论有以下四种学说。

（1）内摩擦减小学说：由于振动作用使被振压材料的内摩擦阻力急剧减小，剪切强度降低，抗压阻力变得很小，材料在重力作用下易于压实。

（2）共振学说：当激振频率和被振压材料的固有频率相一致时，压实达到最佳效果。

（3）反复荷载学说：振动产生周期性压缩运动作用，使被振压材料受反复荷载作用，达到压实目的。

（4）交变剪应变学说：利用土力学交变剪应变原理，振动使材料产生剪应变，使被压材料的颗粒重新排列而达到密实效果。在综合以上对风积沙压实研究的基础上认为：在振动作用下，风积沙颗粒间由静摩擦状态进入动摩擦状态，颗粒间的内摩阻力急剧减小，其内摩擦力减小的程度和振动加速度有直接关系。在振动加速度达到一定要求后，在振动荷载的作用下，形成了

风积沙压实所需的三个过程：重新排列、填充过程、夯实过程（颗粒间的互相靠近）。

①重新排列：在压实机具的短时静荷载和振动荷载作用下，风积沙颗粒重新排列的过程。风积沙在碾压过程中相同粒径颗粒组成的均匀沙的密实度与相互接触的沙粒的排列位置有关。

②填充过程：天然风积沙是由不同粒径颗粒组成的，在压实过程中细颗粒进入粗颗粒的间隙中，能获得较大密实度。所以由单一颗粒尺寸组成的风积沙所能达到的密实度往往小于由不同粒径颗粒组成的风积沙。由于单个小颗粒必须移动一段距离，所以促进力必须在一段时间内是有效的。通过促进作用使微小颗粒通过结构层的间隙移动并充填粒料层之间的空隙。

③夯实过程：在冲击力的作用下，重新排列和填充孔隙的风积沙颗粒互相靠近，孔隙率减小，从而增加了路基的密实度和稳定性。

以上说明的三种过程在碾压不同阶段似乎是独立的，但事实上所有这些过程是同时发生、相互影响。不同压实机械在压实过程中作用程度不同，所以在材料一定条件下要达到良好的压实效果，必须对压实设备进行选择。同时在进行室内和现场试验时发现，振动加速度相同时，在一定的频率下，风积沙的压实速度最快。据分析应是振动压实的频率和风积沙的固有频率一致，形成了共振，因而压实时间最短。所以应确定风积沙的固有频率。

（二）沙基施工机械选择

1.沙漠环境对施工机械的要求

高热、大风和干燥是沙漠环境的主要特征，沙漠环境对工程机械提出了特殊要求，具体如下。

（1）沙漠工程机械应具有功率大、转弯灵活、爬坡性能好等特点。车架应具有悬架浮动性能，机械还应具有涉水和超越沼泽地的行驶能力。

（2）松软的沙漠地表，要求工程机械车辆的行走装置有足够的附着力。先进的技术采用无内胎复合型子午线轮胎，并配装自动充放气装置，通过传感器控制充放气，轮胎接地比压将随路面行驶阻力变化，驾驶人员通过仪表监控胎内气压。

（3）多风沙的沙漠环境，常常堵塞发动机的空气滤清器，极易造成发动机缸体磨损及拉缸，也是影响发动机寿命的主要因素，因此，必须考虑采用多级滤清或新的结构式。

（4）必须保证发动机有性能可靠的冷却系统，以克服离地表1m处60℃以上的辐射高温。为节约用水，必须采用封闭式循环冷却系统，并且提高其散热能力达到适当的水平。

（5）装备性能可靠的无线电通信系统是必不可少的安全措施，以便在风暴中被沙漠淹没时寻求救助。通信随时应与基地保持畅通。

（6）安装液压绞盘，其拖曳力应符合机械本身或载货后总重在沙丘地带拖曳的要求，以便在陷入不利环境时，车辆之间进行互救或自救。

（7）沙漠中作业车辆流动性极强，持续数月的沙漠严冬，要求工程机械具有优良的低温起动性能，一般要求应具有-40℃条件下可靠启动的能力。

（8）要求冬夏温差极大的作业条件下，驾驶室必须安装空调和保持良好的密封性能，驾驶室内安装必要的生活设备，如能储存一周饮水与食品的储藏柜。

（9）履带式工程机械必须设置全密封润滑履带和高架驱动轮，在地表温度70℃左右条件下，黄油嘴加注方式应能保证润滑要求。

（10）在沙漠中机械一旦出现故障，代价是相当昂贵的，甚至造成机毁人亡。必须尽可能提高机器零部件，电器线路和设备的可靠性，选择可靠性指标高的工程机械整机进行沙漠适应性改造，把机械故障率降到最低。

2.适合风积沙路基施工的机械

通过研究，适合风积沙路基施工机械如下。

（1）挖方机械：通常挖风积沙的机械设备有推土机、装载机、挖掘机等。

（2）装运机械：一般情况下装运风积沙主要采用装载机配合自卸汽车运输或者推土机配合铲运机。当运距较远时可用自卸车作为运输机械将风积沙卸于路基边后，再采用推土机从两侧将沙推至路基填筑范围内。但自卸车运输风积沙只能在施工便道行驶，当运距较近时可用装载机或推土机配合铲运机或推土机直接装运风积沙。采用推土机挖运风积沙，受推土机挖运距离的限制只能采取就地取材的方法，从路基两侧取沙，不能远距纵向调配风积沙。

（3）路基压实机械：常用的路基压实机械设备有钢轮压路机、胶轮压路机、振动压路机、拖式振动碾或羊足碾。经沙漠公路工地实地试验，双驱动的自行式胶轮羊足振动压路机、光轮振动压路机均可使用。拖式羊足振动压路机、拖式振动碾在推土机拖动下前进时压路机轮前有拥沙现象，后退时不能振动且方向难以控制，若原地振动短时间内可产生沙基下沉现象，形成小坑。可见拖式振动压路机不能满足施工要求。路基压实机械可使用前后轮驱动的自行式胶轮羊足振动压路机、振动光轮压路机和推土机。

同时根据研究，推土机碾压所得干密度普遍偏小，因为它主要是对风积沙路基表层压实，压实效果有限。因此推土机只能作为振动压路机碾压前后的稳压，终压机械。并且根据依托工程的现场实际情况和经济分析认为：

高速、一级公路的施工中采用振动压路机作为风积沙路基压实的主要机械；中型、大型推土机，主要作为风积沙的挖运摊铺，整平及稳压和终压机械，利用推土机将风积沙从路基两侧推至路基范围内，并进行稳压施工。同时大型推土机也可以进行风积沙路基压实施工；小型推土机主要用于风积沙路基顶面的整平施工。

二级及以下公路结合实际情况可以采用小型推土机进行风积沙路基压实施工，但是应尽可能采用振动压路机或中型、大型推土机进行压实施工。

（4）路堤填筑采用水平分层填筑方式，填筑时按照横断面全宽推筑，根据压路机的吨位确定填筑及压实厚度，每层平均厚度30~50cm。路堤填筑宽度每侧应宽出设计宽度50cm。每层填筑完毕后，用推土机沿纵向大致整平，并分层碾压。路堑土方开挖方式，根据具体情况可采用横挖法、纵挖法或混合式开挖法三种。横挖法即由挖方段路中线向垂直路线方向两侧推土，一般在挖方段落较长时采用；纵挖法即由挖方段落沿路线纵向向两侧填方处推土，一般在挖方段较短时采用；同时采用这两种方法即为混合式，一般在挖方深度较大时采用。根据地形情况，弃方宜推至下风侧，并大致整平。在连续沙丘段挖取土坑时，取土坑应设在下风一侧距路堤坡脚处至少5m。当两侧必须取土时，上风一侧的取土坑应予封闭或推平。路堑挖方地段，弃土堆应设在下风侧低洼处。达到设计路基高度后，用推土机进行调平，并进行复压之后，用平地机进行精平。

（5）洒水设备：洒水车在风积沙路基上无法行走，不适合作为洒水设备，在水坠法施工时，结合经济合理性可以采用路基旁边打井方法解决工程用水。

(三) 风积沙路基施工机械组合

1. 风积沙路基施工机械配套原则

(1) 施工机械组合与工期一致性, 由于在沙漠地区修筑公路里程都比较长, 需要多个施工作业段同时施工。所以按每一个作业面所能达到的最佳生产效率为前提进行选配施工机械, 同时要考虑路基与路面施工机械的互补性。从沙漠公路施工实践表明, 施工机械多, 一个作业面展不开, 利用率低; 施工机械过少, 施工速度慢, 满足不了工程进度的机械需求量, 为此, 必须综合考虑施工机械配套和施工速度的一致性, 既能加快工程进度, 又不会造成机械台班的浪费。

(2) 经济合理性是指在保证机械先进性、实用性和可靠性前提下, 尽可能使机械设备组合系统最佳、购置费用低, 还要综合考虑并正确处理一次性机械设备投入和产出的效益比关系。由于沙漠筑路机械性能、质量比常规工程机械要求高, 势必增大机械设备的购置费用。所以在机械设备的优选中, 既要考虑每一台施工机械功能的发挥, 又要考虑施工机械整体综合配套功效的发挥。同时要防止单纯为了减少机械费用投入, 选择性能落后、价格低廉的机械, 从而导致机械本身故障率高、低工效的选型行为; 也要避免片面追求高性能, 不考虑实用和经济合理性的选型行为。

2. 风积沙路基施工机械选配

根据施工标段的工程量、工期、取弃沙运距、工期要求及设备能力等因素综合确定, 并制定详细、切实可行的机械施工作业方案, 最大限度地满足机械产量的要求, 充分发挥机械效率。根据依托工程施工调查, 不同地区及不同公路等级风积沙路基一个施工作业面施工机械组合应略有不同。

3. 施工组织管理

风积沙路基采用机械化施工, 应按下列规定进行施工管理。

(1) 制定机械设备使用与管理制度和油料供应制度。

(2) 制定机械调配措施。

(3) 编制机械施工组织, 技术方案和综合机械流水作业程序, 按不同的工程内容, 指导施工。

(4) 制定机械的日常保养、定期检修和机械保修制度, 保证机械的正常运输，充分发挥机械的作用。

（5）设置临时机修厂房和机械修理场地，安装安全防护设施，并按机械数量、完好程度恰当地配置检修人员。

根据依托工程现场试验研究和现场调查结果，提出适合沙漠地区风积沙路基的施工的机械，并对压实机械的性能参数进行了研究，得出适合风积沙路基施工的主要机械：挖方机械设备有推土机、装载机等。风积沙装运机械设备有推土机、铲运机、装载机、汽车等。风积沙路基压实机械为双驱动振动压路机、推土机等。路基在压实施工时主要使用振动压路机进行路基压实；推土机主要用于振动压路机施工前后的稳压、终压。同时对压实机械的性能参数进行了研究，认为推土机在压实施工时，为满足挖沙推沙要求，应选择附着力大、性能好、爬坡能力强的大功率履带式推土机。风积沙路基稳压、终压的推土机功率应不小于120马力，摊铺整平时推土机功率不小于70马力。振动压路机应选择在沙漠中能自由行走的前后轮驱动的振动压路机或履带式推土机，具有高振幅、低频率（频率在30～45Hz，振幅在0.4mm以上的振动特性），振动压路机自重应不小于12t。洒水车在风积沙路基上无法行走，不适合作为洒水设备，在水坠法施工时，结合经济合理性可以采用路基旁边打井方法解决工程用水。

三、路基施工的施工步骤及要求

（一）路基施工

1. 填方路基

（1）测量放样：恢复路线中桩，放出路基用地界桩、路堤坡脚、具体位置桩，在距路中心一定安全距离处设立控制桩，其间隔因地制宜，且不大于50m。桩上标明桩号及中心填高或挖高，如图2-1所示。

图 2-1 路基测量放样

（2）原地面处理：用推土机将原地表杂草清除后并整平，清表厚度为
30cm，用双驱动振动压路机进行碾压，压实后压实度大于 95%，方可进行土
方填筑。

（3）推送填料：采用水平分层全断面填筑工艺，用推土机从路基两侧或
短距离内纵向调配风积沙推送至填方路段。路基填料以沿线两侧就近取土
为原则，取沙以沙丘为主，弃沙以沙窝为主，路线两侧取沙时，其宽度应尽
可能控制在路基两侧 20m ~ 40m 范围内；当取沙量较大时，其宽度可适当增
加，但不得超过路基两侧 200m 的范围，推土机推土运距较远时采用装载机
辅助实施，如图 2-2 所示。

图 2-2 推土机推送填料

（4）摊铺整平：对推运至填方路段内的填料采用推土机摊铺并整平，每层填筑厚度50cm。为保证路堤边缘填土的压实度，填筑时每侧超宽填筑至少50cm，在风口处上风向测路基最少超宽填筑100cm，以免成型路基被风蚀。

（5）碾压（振动干压实）：采用D8N推土机分层推平碾压，达到设计标高后，采用双驱动单钢轮振动压路机进行表层压实，并用平地机整型路拱。分层初压：每层推完后，纵向大致整平，采用推土机碾压2遍，稳压时从路基边缘向内侧逐轮碾压，碾压时履带轮迹布满作业面为一遍，如图2-3所示。

图2-3　推土机压实碾压

复压：填筑达到路基顶标高后，采用推土机稳压2遍后用双驱动振动压路机进行碾压。碾压时，先慢后快，采用强振进行碾压，碾压时轮迹重叠宽度不应小于1/3，轮迹布满作业面为一遍，压路机的碾压行驶速度不超过4km/h，碾压时直线段由两边向中间，曲线段由内侧向外侧，纵向进退式进行。前后相邻两区段应纵向重叠2m以上，达到无死角、无漏边，确保碾压均匀。一般振压3遍即可达到设计压实度，如图2-4所示。

图2-4 复压

终压：振动压路机复压完成后，采用宽板推土机进行精平终压，推土机终压压实工艺同推土机稳压，轮迹重叠宽度不小于1/2单轮宽度，终压一遍，如图2-5所示。

图2-5 终压

风积沙路基可在天然含水率状态下压实（或称干压实）。如有条件也可以采用洒水压实。路基从底层至顶层每层初压由推土机在分层推筑整平过程中碾压两遍完成。每层终压可根据情况采用下列两种方法进行：若采用的压路机能直接在沙漠路基上行走，一般用压路机振动碾压两遍。若采用的压路机无法直接在沙漠路基上行走，一般用推土机碾压三遍。顶层终压采用振动压路机进行。每层压实后应进行压实度检测，对不满足要求处，应及时补压，直至达到设计压实度。用于路基干压实的压路机应具备以下技术性能：10~20t 铰接式自动振动压路机；振动频率在 30~45Hz 之间，振幅在 0.4~0.1mm 之间；碾压速度不大于 6km/h；采用压路机直接进行振动碾压时，碾压遍数为：填方路段 3~4 遍，挖方路段 2~3 遍，碾压速度以 2~4km/h 为宜。当压路机不能直接上沙漠路基时，路基表层的碾压可在铺完编织布和砂砾底基层后，与天然砂砾层一同进行振动碾压，碾压 3~4 遍。在起伏较大的路段，压路机很难直接上路基对底层至顶层进行压实，初压可由推土机在分层推筑整平过程中进行，顶层终压采用振动压路机完成。经对风积沙路基在天然含水率状态下（偏干状态）采用振动压实的效果进行专题试验，利用先进的共振频率试验仪器及 MTS 液压伺服激振系统进行试验，结果表明：

①在风积沙的共振频率方面：塔克拉玛干沙漠的风积沙共振频率在 25~55Hz 之间，其值与沙的压实度、含水率和厚度等有关；在其他条件变化不大时，共振频率随压实度提高而提高；在压实度差别不大时，不同沙层厚度的共振频率差异不大。

②在正弦激振下沉降量测定方面：松散的风积沙，无论含水率大小，均在 40~45Hz 的激振频率处下沉量最大，但最大沉降量一般出现在干沙及含水率饱和时，这与击实试验的结果相一致。

③动载大小直接影响到压实效果，动载大，压实效果好，而且共振频率较低，在 25~30Hz 之间；反之，动载小，则压实效果略差，共振频率也略有提高，在 30~40Hz 之间。这一结果很有实际意义，为选择大吨位振动压路机及相应的振动压实频率提供了试验依据。此外，预载的大小直接影响压实深度，预载大，压实影响深度也大。后一结果也很重要，表明沙漠路基在正式压实前最好能用推土机等进行初步压实。

（6）检测：压实度检测采用环刀法。压实度应达到设计及规范要求，检测时，清除表面 10 左右松散层再进行环刀检测。若不合格及时进行补压，直至合格为止，方可进行下一工序。

（7）边坡整修：路基填至设计标高后，一次刷边坡成型。刷坡前，按照路基设计宽度、坡度、路基横断面尺寸、纵坡等，由测量人员放出路基顶面边线、坡脚线，用挖掘机刷边坡，人工配合整平。

2. 挖方路基

（1）施工放线：根据设计给定的主线中桩坐标，放出中桩位置，根据原地面高程，测算出道路左右侧的边桩位置，并在实地放出边桩并做好护桩，放出开挖轮廓线。

（2）路堑开挖：开挖方式根据具体情况可采用横挖法、纵挖法和混合式开挖法三种。开挖前根据挖方段长度、开挖深度、挖方量、两端填方方量等因素制定具体的土方调配方案，有效控制施工成本。开挖主要采用推土机进行，若弃方超过推土机的经济运距时，可先将底基层铺至挖方作业面，辅以装载机配备自卸车进行弃土。开挖路堑时，开挖边坡应配以人工配合推土机进行分层修刮平整。

（3）路堑路床整修及碾压：工艺同与填方路基顶层碾压施工。

3. 路基整形

当填土高度接近路床标高时，严格控制好路基标高，横、纵坡及宽度，严格控制"三线、四度"（三线即中线和两侧边线，四度即密实度、拱度、坡度、平整度），达到规范要求。若不合格及时进行补压，直至合格为止方可进行下一工序。

土工布铺筑前，再用平地机仔细找平后，压路机静压一遍，保证平整度，以免底基层厚度不均匀造成原材料额外消耗，如图2-6所示。

图2-6 压路机静压

(二) 底基层施工

1. 测量放样

施工前利用 RTK 对路基进行中线恢复。同时放出底基层的摊铺边线，并埋设木桩进行标记。摊铺厚度通过两个方面进行控制：第一，根据松铺厚度在边线桩上进行相应的标记；第二，底基层摊铺过程中，测量人员进行跟踪检测。

2. 土工布铺设

沙基精平压实后，将土工布按设计幅宽沿边线纵向铺开，每次展铺长度风季控制在 100m，非风季控制在 500m。土工布需拉紧张平，为防止被风刮起，可在边缘和搭接处撒少量风积沙或天然砂砾压牢。相邻两幅土工布搭接宽度大于 40cm，并用尼龙绳每隔 2m 做绑扎，如图 2-7 所示。铺设好的土工布严禁非作业车辆在其上行驶。

a. 人工铺设

b. 搭接处缝制

c.具备摊铺条件

图2-7 土工布铺设

3.运输、摊铺

采用"进占法"施工，用自卸车将砂砾料从备料场运至施工现场，边卸料、边用装载机将料打平，并利用打平的砂砾面层作为运输便道进行运输、卸料。砂砾料随着编织布的进度随铺随填，砂砾料精平采用平地机精平，如图2-8所示。

a. 自卸车布料

b. 装载机粗平

c. 平地机精平

图 2-8 运输摊铺示意图

4. 洒水、碾压

洒水采用洒水车，碾压采用重型单钢轮振动压路机。压实前，现场检测填层厚度、平整度和含水量符合要求后，才能进行碾压。碾压时，碾压的方向应与路中线平行，直线段由边部到中间，超高段由内侧到外侧，依次连续均匀碾压。碾压时，压路机跟随路线纵向来回行驶，不准掉头，且压路机轮迹重叠 1/3 ~ 1/2 轮宽，横向接头重叠 2m。碾压遍数按试验路段铺筑时确定的压实遍数，使全宽、全路段范围内均匀碾压到规定的压实度。压实后表面应平整、无轮迹或隆起现象，相关示意图如图 2-9 所示。

a. 洒水车洒水

b. 振动压路机碾压

c. 成型基层洒水养护

图 2-9　洒水、碾压、养护示意图

5. 质量检测

底基层施工结束后检测压实度、弯沉值、平整度、纵断高程、宽度、厚度和横坡等，符合设计图纸及规范要求方可进行下一工序。

(三) 基层施工

（1）采用"后退法"施工，采用自卸汽车从备料场运输至施工区，然后进行布料。施工前先进行试验段试铺，确定其松铺厚度、机械最佳组合、碾压遍数和最佳含水量。根据试验段得到的松铺系数，计算出每车砂砾料堆放距离，用装载机摊铺，检测其松铺厚度，厚度不足应补足，过厚部分用平地机刮除，最后用平地机精平，局部坑洼处用人工找平，最后洒足量的水，待表面略干后用单钢轮振动压路机进行碾压。

（2）施工结束后检测压实度、弯沉值、平整度、纵断高程、宽度、厚度和横坡等，符合设计图纸及规范要求方可进行下一工序。

（3）检测合格的基层至少需洒水养护 7d，期间需封闭交通，直至沥青面层摊铺完成。

(四) 防沙工程施工

1. 草方格施工

草方格分布在道路左右，上风向侧宽 50m，下风向侧宽 30m，外加 10m 的积沙带。草方格为边长 1m 的网格，芦苇长 35cm，埋深 15cm，外露 20cm，每平方米芦苇重量 1.2kg。草方格原则上必须在基层施工完成前完成，如因工期或天气等因素影响，也需在基层施工前完成两侧紧邻路边一半宽度的防护，防止成型基层风积沙堆积。

（1）施工方法：

①整修边坡，清除坡面松土。

②根据施工图纸，确定草方格的施工区域。在开挖边坡及填筑外边坡采用白灰放出 1m×1m 的井字方格网。

③先用专用铁锹（与普通铁锹不同，自制专用的锹，锹面和把手垂直）在沙漠中沿灰线刨出纵向沟槽，将截好的芦苇在刨好的沟槽均匀摆放好，后面施工人员将芦苇竖直后，用脚将沙沟推平，用脚踩实。

④芦苇摆放均匀、连续，疏密要相同，栽植时芦苇外露高度应一致，用自制木板条矫正，木板条上有20cm的刻度，完成的工程要呈现出方格横平竖直，栽植的芦苇要求竖直插入沙内，不得出现倾斜和弯曲情况，如图2-10所示。

a. 草方格施工

b. 完成效果

图2-10 草方格施工

⑤此方法需工人俯身作业，风力达到风积沙流动就无法施工；另外雨后风积沙未干透也无法施工，风积沙未干施工的成品在沙子干后会大面积倒伏。施工时要考虑以上两点造成的降效问题。

2. 阻沙栅栏施工

(1) 阻沙栅栏芦苇采用原状芦苇。

（2）芦苇阻沙栅栏的疏透度为 30% ~ 50%。

（3）栅栏设置在草方格固沙带外，原则上相距 10m 左右，但必须灵活掌握，设置在沙丘迎风侧距棱脊线 1m 左右设栅栏，切忌设置在落沙坡和坡脚丘间洼地。

（4）确定栅栏位置后，每 6m 楔入长 1.7m 木桩（木桩规格 4cm × 8cm），宽面平行栅栏的走向并朝主风向，楔入深度 40cm，桩顶之间用 12 号铁丝拉紧，地上沿桩线挖 20cm 深的沙沟，埋设芦苇栅栏，然后用芦苇束把芦苇夹紧，绑牢即可。

（5）阻沙栅栏完成后在两侧扎制两道 1m × 1m 草方格放风蚀带。

（6）规划好固沙草方格的位置后，芦苇截成 35 ~ 40cm 的段，沿位置线均匀摆好，用平头铁锹插入沙中，插入深度应掌握在 15 ~ 20cm，草方格形成后用脚将芦苇根部踩紧，并用铁锹将草方格中心沙子向外扒一扒，使方格内形成弧形洼地。

（7）牵引（铁丝）线地下一端应在桩外 2.5 ~ 3m 处挖 35 ~ 50cm 深的小坑，横向（平行阻沙栅栏方向）楔入长 40cm 木桩，木桩中间栓铁丝。绑扎牵引铁丝前，应先埋地下一端，再拉紧绑上木桩一头。

（8）外侧的阻沙栅栏与内侧的固沙草方格应同时施工，若不能同时期施工，应先设栅栏，后施工固沙草方格，阻沙栅栏平面示意图如图 2-11 所示。

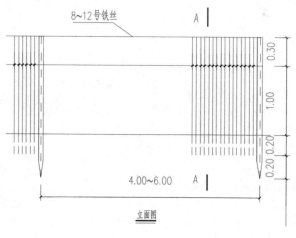

a. 立面图

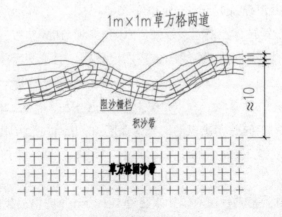

b. 平面示意图

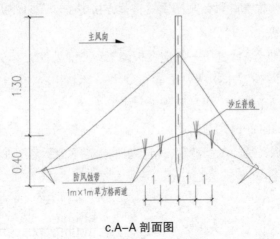

c.A-A 剖面图

图 2-11 阻沙栅栏平面示意图

第三节 路面施工技术

一、路拌法施工技术

(一) 准备下承层

当水泥稳定土用作基层时，要准备底基层；用作底基层时，要准备土基。下承层表面应平整、坚实，具有规定的路拱，没有任何松散的材料和软弱地点。下承层的平整度和压实度必须达到规定的要求。当下承层是风积沙路基时，如沙基表面无浮沙或经简单处理可满足沙基要求时，可在上面直接施工。当下承层是风积沙路基加沙基封层时，满足一般路基要求时即可。

（二）施工放样

在底基层，沙基或沙基加封层上恢复中线。

（三）备料

备料包括以下两个方面：一是备集料，根据各路段水泥稳定土层的宽度、厚度及预定的干密度，计算各路段需要的干燥集料数量，再根据料场集料的含水量和所用运料车辆的吨位，计算每车料的堆放距离。集料装车时，应控制每车料的数量基本相等。二是备水泥，根据水泥稳定土层的厚度和预定的干密度及水泥剂量，计算每一平方米水泥稳定土需用的水泥用量，确定摆放水泥的行数，计算每行水泥的间距以及每袋水泥的纵向间距。

（四）摊铺土

应事先通过试验确定土的松铺系数。摊料过程中，应将土块、超尺寸颗粒及其他杂物拣除。

（五）洒水闷料

如整平后土的含水量过小，要在土层上均匀洒水，进行闷料。细粒土洒水后宜经一夜充分闷料，中粒土和粗粒土可适当缩短闷料时间；如为水泥和石灰综合稳定土，应先将石灰和土拌和后一起进行闷料。

（六）摆放和摊铺水泥

在摆放和摊铺水泥前，对人工摊铺的集料层应先用 6~8t 的两轮压路机碾压 1~2 遍，使其表面平整。水泥应当用汽车直接送到摊铺路段，直接卸在做标记的地点。打开水泥袋，将水泥倒在集料层上，并用刮板将水泥均匀摊铺，尽可能使每袋水泥的摊铺面积相等。水泥摊铺完后，表面应没有空白位置，也没有水泥过分集中的地点。

（七）拌和（干拌）

拌和方式分以下两种：一是稳定土拌和机拌和。在拌和过程中，应设专人跟随拌和机，随时检查拌和深度。拌和深度应达到稳定层底，并宜侵入下承层5~10mm，以利上下层黏结，严禁在拌和层底部留有"素土"夹层。通常应拌和两遍以上。二是农用机械拌和。在没有专用拌和机械的情况下，也可用农用旋转耕作机或缺口圆盘耙与多廓犁或平地机相配合进行拌和。

（八）补充洒水和湿拌

在干拌结束时，特别在用农业机械进行拌和的情况下，如果混合料的含水量不足，应用喷管式洒水车补充洒水。洒水距离应长些，水车起洒处和另一端"调头"处都应超出拌和段2m以上。洒水车不应在正在拌和的以及当天计划拌和的路段上"调头"和停留，以防局部水量过大。洒水后，应再次进行拌和，使水分在混合料中分布均匀。拌和机械应跟在洒水车后面进行拌和，尤其在纵坡大的路段上应配合紧密，减少水分流失。洒水及拌和过程中，应及时检查混合料的含水量。含水量宜略大于最佳值（稳定粗粒土和中粒土宜大0.5%~1.0%；稳定细粒土，宜大1%~2%），不应小于最佳值。在洒水拌和过程中，应配合人工拣出超尺寸颗粒，消除粗细颗粒"窝"以及局部过分潮湿或过分干燥之处，拌和完成的标志是混合料色泽一致，没有灰条、灰团和花面，没有粗细颗粒"窝"，且水分合适和均匀。

（九）整形

混合料拌和均匀后，要立即用平地机初步整平和整形。然后用平地机、拖拉机或轮胎压路机立即快速碾压一遍，以暴露潜在的不平整。再用平地机进行整平并用上述机械再碾压一遍。整平时，切忌在光滑的平面上进行薄层找补。当用人工整形时，应用锹和耙先将混合料摊平，用路拱扳进行初步整形。用拖拉机初压1~2遍后，根据实测的压实系数，确定纵横断面的标高，并设置标记和挂线，利用锹耙按线整形，再用路拱板校正成型。如为水泥土，在拖拉机初压之后，可用重型框式路拱板（拖拉机牵引）进行整形。

(十) 碾压

整形后，当混合料的含水量等于或略大于最佳含水量对，立即用 12t 以上三轮压路机、重型轮胎压路机或振动压路机在路基全宽内进行碾压。直线段，由两侧路肩向路中心碾压；曲线段，由内侧路肩向外侧路肩进行碾压。碾压时，应重叠 1/2 轮宽；后轮必须超过两段的接缝处，后轮压完路面全宽时，即为一遍。应在规定的时间内碾压到要求的密实度，同时没有轮迹。碾压过程中，严禁压路机在已完成的或正在碾压的路段上"调头"和急刹车。碾压过程中，水泥稳定土的表面应始终保持潮湿。如有"弹簧"松散、起皮等现象，应及时翻开重新拌和（加适量的水泥）或用其他方法处理，使其达到质量要求。在碾压结束之前，用平地机再终平一次，使其纵向顺适，路拱和超高符合设计要求。终平应仔细进行，必须将局部高出部分刮除并扫出路外；对于局部低洼之处，不再进行找补留待铺筑沥青面层时处理。

(十一) 接缝和"调头"处的处理

水泥稳定土的接缝处理是施工中的一个重要问题。接缝处理不当，会使接缝成为一薄弱点，路面在此首先破坏。同日施工的两工作段衔接处应采用搭接。第一段拌和后，留 5～8m 不进行碾压。第二段施工时，前段留下未压部分，要再加部分水泥，重新拌和，并与第二段一起碾压。

(十二) 养生及交通管制

水泥稳定土每一段碾压完成并经压实度检查合格后，应立即开始养生，不应延误。养生期一般不应少于 7d。水泥稳定土分层施工时，下层水泥稳定土碾压完成后，可以立即在上铺筑另一层水泥稳定土，不需专门的养生期。

沙漠地区，通常情况下水源短缺，蒸发量大，节水养生意义重大。在此建议采用不透水薄膜养生。在碾压结束后，及时用塑料薄膜覆盖，且封闭交通。覆盖薄膜时宜人工沿道路纵向展开，横向略超出路面宽度范围，然后用砖块或沿线风积沙沿前进方向将薄膜固定住。在无上述条件时，也可用洒水车经常洒水进行养生。每天洒水的次数应视气候而定。整个养生期间应始终保持稳定土层表潮湿。洒水后，应注意表层情况，必要时，用两轮压路机压实。在养生期间未采用覆盖措施的水泥稳定土层上，除洒水车外，应封闭交通。

二、路面裂缝防止技术

(一) 裂缝控制

沥青路面裂缝的形式多种多样。影响沥青路面裂缝的主要因素有：沥青和沥青混合料的性质、基层材料的性质、路堤的填高和土质 (填土的液塑限)、气候条件 (季节性温差)、交通量的大小和通行车辆的类型以及施工的质量。沥青混凝土路面裂缝产生的原因很多，故防治也就成为一个综合治理的问题，只有在设计选材、施工、维护等多方面充分考虑，才能有效地防治沥青混凝土路面裂缝的产生。

(二) 施工引起的裂缝

1. 基层施工中出现的问题

半刚性基层的开裂成因机理比较复杂，干燥收缩、温度收缩对于水泥为胶凝材料的基层而言应该是主导因素，塑性收缩发生在施工过程中和施工完成之后一段时间，由于半刚性基层混合料的密度较低，空隙率较大，再加上含水量较少，容易在高温施工中发生蒸发速率大于泌水速率的现象，因此产生塑性收缩。具体可以细化为以下四种裂缝的成因。

(1) 施工工艺对裂缝的影响：①基层、底基层、路面表面清扫不干净。在铺筑上一结构层前，若路面结构层及路基表面的浮土、浮砂清除不干净，在雨水作用下，浮层细料变软被行车挤压造成泥浆，进而波及沥青面层表面。

②对石灰 (水泥或二灰) 无机稳定粒料土，由于石灰剂量不足，拌和不匀，用水量过大或过小，压实度不足，厚度不够等原因，造成基层路面稳定性差、强度低，从而产生沥青路面早期破坏。

③对水泥稳定类材料，压实延迟时间越长，压实度就越低，强度损失就越大，过长的延迟压实和过度的碾压，都对半刚性基层产生破坏作用。因

此，在施工时，应严格控制碾压时间和碾压遍数。

④基层的找平不当。半刚性基层在整形找平过程中用平地机反复刮补，将高处的混合料刮到低洼处找平。这样从表面看，基层表面是平整了，勉强压住了，但实际上是一层薄层与原先较光滑结构层不能有效地结合起来，形成薄夹层。在车辆荷载作用下，薄夹层逐渐被推动压碎松散，进而导致沥青面层产生局部网状裂缝。

（2）材料对半刚性基层裂缝的影响：①早强水泥是施工单位愿意采用的，因为规范按 7d 无侧限强度来描述基层施工质量，但对于基层的品质而言，早强水泥在前期提供了过高过快的强度发展指标，使基层过早地塑化，同样由于基层施工的宽度、厚度、长度都达到了一个极端状态，内部应力过大，这也是导致开裂的因素之一；水泥的用量增加除了使强度增加和贡献裂缝之外，过多的水泥也会增加化学收缩；水泥的初终凝时间更为重要，初终凝时间不够，会直接影响基层的施工质量，毕竟基层施工需要一定的工作时间才能完成摊铺碾压，但时间过长，水分散逸，水化不能充分进行，未充分水化的水泥则成了开裂的诱因。

②石屑在基层配合比设计中较为重要，但一般用在基层的石屑质量令人担忧，0.075mm 以下的比例很难保证在 5%~7% 以下；含泥量也偏大，这与石场的加工工艺有关，雨天采石加工也是个问题。

通常人们认为采用石屑可以减少裂缝，采用河砂会增加裂缝，但实际情况表明细集料对裂缝产生主要作用的是 0.075mm 左右的材料，这与其有较大的线性膨胀系数有关，由于这类细料比表面积大，遇水膨胀，失水后收缩变形大，是造成裂缝的主要因素之一。因此，采用较粗的石屑有利于改善基层的抗裂性。

（3）基层的配合比设计中存在的主要问题，是许多施工单位仅仅满足于在试验室里掺配出符合级配曲线的基层混合料，而曲线的走向，形状很少有人去认真推敲。

①混合料的曲线光滑连续，对于减轻裂缝有益。

②当粗集料（10mm 以上）比例为 60%~65% 以上时，裂缝有所降低。

③不同施工时间的混合料曲线变异越小，裂缝就越少。

可见注重混合料曲线的特点，采取有效措施在施工中控制好混合料级配，是减少裂缝的有效途径之一。

（4）由于稳定土厂均采用连续式的拌和设备，形成了先天性的不足：计量系统的误差较大，特别是水泥的计量不精确；搅拌缸长度不够，通常 200～300t/h 的厂拌搅拌缸长度不足 2m，搅拌时间不够，混合料均匀性差；含水量的控制误差偏大；由于施工中的各类问题，不可能保证长时间的稳定连续拌和出料，断断续续的出料过程造成了配合比的误差大。这样生产出来的稳定土材料由于较大地背离了设计配合比曲线，对于质量影响是很大的。

半刚性基层的缺陷是存在裂缝，大量调查显示，大多数高速公路基层每 5～10m 存在一道横裂缝，有时会伴有纵裂，这种现象可以减少但无法避免。防止基层裂缝反射到沥青面层及防止因裂缝导致过早的水破坏发生是人们研究的重要课题。

2. 面层施工出现问题

（1）对原材料检验不严：对沥青混合料的配合比控制不够，特别是矿粉和沥青用量不准，使沥青路面早期出现网裂。

（2）沥青混合料加热温度过高：一般矿料加热温度过高，当沥青和矿料拌和时，沥青便被矿料的高温灼焦，沥青老化，使路面强度不足产生网裂、坑槽等病害。

（3）碾压温度过高：有两种情况：一是沥青混合料出厂温度超过规定的上限值；二是沥青混合料出厂温度在规定的范围内，但接近高限，如运距较短，摊铺碾压又很及时，就会使碾压温度超过规范高限。如果碾压温度过高，混合料压不密实，就会出现微裂。

（4）施工季节不合理：雨季施工，又未采取有效的保证质量的措施。低温季节施工，又不能及时成型稳定，导致沥青路面坑槽等。

3. 面层与基层之间的结合不良

沥青混凝土结构层与水泥稳定碎石半刚性基层的结合质量，是影响沥青混凝土路面使用寿命的重要因素之一，若两者之间结合质量不好，通车后易发生月牙形推挤裂纹，在荷载及雨水的作用下，造成路面破坏。

面层与基层之间的结合状况对层间的抗滑稳定性会产生很大影响，而且会使面层底面的弯拉应力发生很大的变化。引起面层与基层之间结合不良的因素主要是基层表面未浇洒透层沥青；基层表面较光滑，积沙清除不彻底。

　　透层沥青是在无沥青材料的基层上，浇洒低黏度液体沥青而形成的透入基层表面的薄层，它可增进基层与沥青面层的黏结力。有专家认为，透层油渗入基层一定深度，会改善基层的抗水冲刷能力，减少渗透水对基层的破坏。

　　级配砾石在洒水碾压过程中，细颗粒材料形成泥浆，逐渐上移至表层，而且水的矿化度较高，易在表层形成盐结层，从而使得基层表面比较光滑。引起基层与面层之间结合不良的另一个原因，是受风沙移动的影响，常会在级配砾石基层表面积沙，部分沙粒嵌入基层表面的孔隙中，从而使得原来已较光滑的基层更加光滑。尤其是当清沙不干净时，在基层与面层之间形成一个很薄的软弱夹层，不但影响路面结构的整体强度，而且影响层间的抗剪能力。

（三）防止裂缝的措施

1. 基层施工

　　半刚性基层（底基层）的普遍采用是因其具有良好的水稳性、一定的强度、适宜的工作性能和方便的施工工艺。从半刚性基层本身考虑，应提高半刚性基层强度。考虑干缩和温缩是半刚性基层材料的固有特性，为避免形成裂缝，可根据试验段情况及时调整材料级配，并选择优质的水泥、石灰等材料。选择气温较稳定的季节铺筑半刚性路面基层，减少温差对基层产生的影响，以提高半刚性基层的强度。

　　针对上述裂缝的形式，裂缝的形成机理及影响裂缝产生的因素，可采取如下措施，减少裂缝的产生。

　　（1）采用优质的水泥稳定砂砾，水泥稳定级配碎石等混合料做基层。

　　（2）控制集料中的细料含量，做到连续级配，避免间断级配，必要时采取掺配等手段优化集料级配。另外，应尽量采用骨料密实结构矿料级配，因为它可以有效降低半刚性基层干缩系数。

　　（3）尽可能采用厂拌法施工，尽快淘汰较旧的厂拌设备，采用计量精度更高、产量更高的拌和设备，也是改善抗裂性的途径之一。

　　（4）在保证混合料拌和均匀的同时，严格控制施工碾压时的含水量。派专人对混合料的含水量进行检测，确保碾压时接近最佳含水量。试验表明，初期碾压水越多，成型后出现的裂缝越多。

（5）底基层或垫层表面要处理干净，并保持湿润，减少其与基层之间薄土夹层。同时，严格控制底基层或垫层表面的高程，避免因厚度不足或不均匀所产生的裂缝。

（6）半刚性基层碾压完成后，要及时养生。养生期保持基层表面湿润尤其重要，同时严禁重车通行，在昼夜温差大的天气可采用覆盖物来保温。

（7）在基层上设置预锯缝，上铺土工织物。

（8）半刚性基层碾压完成后或最迟在养生结束后，应立即用乳化沥青做透层或封层。水泥稳定类基层不易暴露时间过长，应尽快铺设透层油或沥青混合料面层。基层施工完后，加强养护，保持表面湿润7d，立即用乳化沥青封顶，以免水分蒸发。基层封顶后及时摊铺沥青面层，不要使基层曝晒开裂。

（9）通过对产生裂缝的现场分析发现，由于各个施工环节质量控制不严而产生裂缝并导致路面破坏情况的比例较大，应当引起足够的重视，加强施工质量检测控制。

2. 沥青混凝土面层施工

在高等级公路上，采用符合"重交通道路石油沥青技术要求"的沥青，有条件时可采用聚合物改性沥青以增强面层的抗裂性能，采用较稀的高黏度沥青。

(1) 透层或粘层完成后，应尽快铺筑沥青面层。

(2) 严把沥青混凝土进场摊铺的质量关，凡发现沥青混凝土级配不佳，集料过细，油石比过低，炒制过火，沥青大时，必须退货并通知生产厂家，必要时可向监理或监督报告。

(3) 对于碾压中出现的横向微裂纹，可在终碾前，用轮胎碾压进行复压，往往可予以消除。

(4) 确保施工质量，保证摊铺质量，碾压强度，减少由于混合料表面温度降低影响温度均匀性而产生的离析和裂缝。

(5) 底基层养生期要满足要求，切勿为赶时间而提早铺筑面层，以防基层损坏面导致面层产生反射裂缝。

（6）加强运料车的保温工作，保证适宜的摊铺碾压温度，及时摊铺并保证供料和施工的连续性。

（7）无论什么骨料，为使沥青与矿料发生强烈的吸附作用，应使用抗剥落剂，以延缓由于荷载和温度的反复作用发生沥青剥落而产生的水毁现象，同时限制碱性骨料的使用。

（8）严格控制摊铺和碾压，终压的沥青混凝土温度，施工组织必须紧密，大风和降雨时停止摊铺和碾压。

（9）双层式沥青混合料面层的上下两层铺筑，宜在当天完成。如间隔时间较长，下层受到污染，铺筑上层前应对下层进行清扫，并应浇洒适量粘层沥青。

（10）沥青混合料的松铺系数宜通过试铺碾压确定，应掌握好沥青混合料的厚度。

（11）宜采用全路宽多机全幅摊铺，以减少纵向分幅接茬。

（12）合理优化组合碾压机具，提高碾压质量，加强对沥青混合料摊铺与碾压温度的控制，当气温较低时，更应注意对温度的控制，并采用相应的措施，尽可能避免低温施工。

3. 改善面层与基层的接触条件

施工中在此浇洒粘层油可增加面层与其基层的接触程度，使弯拉应力控制在最小值附近。基层表面要平整，以保证沥青混凝土的厚度，另外各道工序要紧密衔接，防止风沙的危害，当沙粒上路后，清沙一定要干净彻底。在要求基层表面平整的同时，应使基层表面尽可能粗糙，从而改善面层与基层间接触条件，提高层间抗剪能力。在面层和基层之间，铺设应力吸收膜，如沥青橡胶、土工织物等，也是一个改善面层与基层接触条件的好办法。

第三章　沙漠公路路基防沙技术

第一节　工程防沙体系维护技术

工程防沙体系主要是指利用柴草、树枝、木板、黏土、石块、化学物质、高分子材料等无生命物质，在沙面上设置各种形式的阻沙、固沙、输沙、导沙等带状、网状、格状或平铺状障碍物，以此固结和覆盖沙面，控制风沙流活动的速度、强度、结构和蚀积状况等，达到防风固沙、改变风沙运动状况和地貌形态等目的的防治体系。公路工程防沙体系即在路域范围内，为减少和控制公路风蚀和沙埋危害而设置的各种工程防沙设施的总称。不同的工程防沙设施维护方法不一样，所以首先研究工程防沙体系的结构和类型。

一、工程防沙体系的结构与类型

(一) 工程防沙体系的结构

工程防沙体系一般由输沙带、固沙带和阻沙带组成。其配置形式是以公路为中心向两侧对称排列。输沙带紧邻公路，由放缓的路基边坡和输沙凹槽加一道弧形凸起的风力加速堤构成，宽度在15m以上。但这一技术对环境条件的要求比较严格，而且不易保持，因此尚未得到广泛运用，许多沙区公路是不设输沙带的。固沙带紧邻输沙带，由各种类型的格状沙障构成，其作用一是截留上风向来沙，二是控制就地起沙，三是保护植物生长。固沙带是防沙体系的主体，必不可少，但宽度受各地自然条件和公路等级、投资水平的影响，差异很大，从几十米到几百米都有。固沙带外围是阻沙带，由一行或一行以上的高立式沙障组成。阻沙带的作用是阻断沙源，保护固沙带免遭流沙埋压。由于沙丘的移动速度和沙丘的高度成反比，所以，高立式沙障引起的沙丘增高对公路是没有危害的。有的地方为了更加保险，还在阻沙带外围设立封沙育草带，其宽度达到400～500m（俄罗斯的阿什哈巴德铁路防沙体系宽度达到5000m）。设立封沙育草带固然加大了公路建设的投资，但有利于路域范围的生态环境建设，对公路防沙也是有好处的。固沙带和阻沙带是公路防沙体系最基本的组成单元。任何地区的工程防沙体系都不能削减。

（二）工程防沙体系的类型

工程防沙体系的类型比较多，划分的标准目前还不统一。由于不同类型的防沙体系，其防风阻沙的特点、效果不同，维护技术也不一样，所以下面首先对工程防沙体系的类型进行划分。

1. 依据作用原理划分的类型

依据作用原理，可将工程防沙体系分为阻沙型、固沙型、输沙型和导沙型等类型。

2. 按设置方式划分的类型

按设置方式可将工程防沙体系划分为平铺式防沙体系和立式防沙体系。立式防沙体系按其设置高度可划分为高立式、低立式和半隐蔽式三种类型。高立式防沙体系高出沙面50～100cm；低立式防沙体系高出沙面20～50cm；半隐蔽式防沙体系略高于沙面。平铺式防沙体系如柴草平铺式沙障、黏土漫丘覆盖等，立式防沙体系如高立式柳条沙障，低立式沙蒿格状沙障和隐蔽式柴草沙障等。

3. 按结构划分的类型

按结构可将工程防沙体系划分为透风结构、疏透结构和紧密结构三种类型。透风结构防沙体系的孔隙度在25%以上，疏透结构防沙体系的孔隙度占10%～25%，而紧密结构防沙体系的孔隙度小于10%。对于透风结构防沙体系来说，风沙流穿过防沙体系时，沙粒可从体系的空隙间穿过，体系前积沙量少，防沙体系不易被沙埋，而障后积沙范围较大，积沙范围延伸较远，但其拦蓄沙粒的功能差，仅能使一部分沙粒沉积。当孔隙度大于50%时，防沙体系前没有积沙威胁，防沙体系后积沙范围为其高度的12～13倍。疏透结构防沙体系的作用原理与透风结构相同，其障前积沙范围为其高度的 2 ~ 3 倍，障后积沙范围为障高的 7 ~ 8 倍。紧密结构防沙体系则使气流在障前 3 ~ 4m 甚至 5 ~ 6m 处就开始分解、减弱，到达防沙体系时有部分绕流，部分被迫抬升，并在障后一定范围内形成一个弱风区，从而在防沙体系前后均积沙，但积沙范围仅达障高的 5 ~ 6 倍，因此极易造成防沙功能下降和障体被埋压。

二、工程防沙体系的作用与破损形式

(一) 高立式机械沙障的作用与破损形式

1. 高立式机械沙障的作用

高立式沙柳沙障对不同高度处的风速影响很大，在障后 0.6m 处，2m 高度处 50 次瞬时风速的平均值比旷野风速增大 1m/s，而障前 0.3m 的风速仅比旷野风速减小 0.1m/s，这说明沙柳沙障对 2m 高度的风速影响并不明显；而在 1m 以下，特别是 0.5m 处，高立式沙柳沙障对风速的削弱甚为显著，障后 0.6m 和障前 0.3m 处的风速依次比旷野降低 43%、57%。到障后 8 ~ 10H（H 为沙障高度）处，风力基本可以恢复到旷野风速。

库布齐沙漠穿沙公路各观测点粗糙度观测计算（从 50 次瞬时风速值中随机抽样）结果，沙柳沙障的粗糙度是流沙的几十到几百倍。影响粗糙度的因素主要是障高和障间距。以库布齐沙漠穿沙公路 K69+400 西侧的高立式沙障为例，两列高立式沙柳沙障中（障间距为 6h）第一列障后 0.6m 和第二列障前 0.3m 处的粗糙度分别为裸露流沙（下覆沙柳沙障的残体）的 12.7 倍和 19.8 倍，这是由于在第一列高立式沙柳沙障的防护下，下层气流不能很快恢复到旷野风速，从而使粗糙度的增加更为显著。因此，在设置高立式沙柳沙障时，应考虑沙障的合理间距，半荒漠地区设置高立式沙柳沙障时，建议沙障的间距以 8 ~ 10 倍障高为宜。对于多列组合的高立式沙障来说，从第二列沙障开始，障间距可以逐步放大。

高立式沙障的阻沙量还与其走向有关，当沙障的走向与主风向垂直时阻沙量最大。所以一般要求沙障的走向尽量与主风向垂直或大角度相交。对库布齐沙漠穿沙公路两侧高立式沙柳沙障的观测表明，在上风向沙源不足的情况下，沙障的基部容易产生风蚀，对于两列平行排列的高立式沙障来说，如果第一列沙障的透风系数很小，第二列沙障也容易产生风蚀。也就是说，沙障的透风系数不但影响到其积沙量，还影响到其蚀倒率，这是一个需要认真研究的问题。综合考虑各种因素，认为不论是新设沙障还是修复沙障，都宜选择疏透度为30%~40%的透风结构为好。

积沙的位置从障前0.6m处开始，到障后6m处结束，有效积沙范围相当于障高的3.0~4.0倍。从输沙量看，第一列沙障后0.6m处的输沙量约为障前6m处的34.3%，第二列沙障后6m处的输沙量为障前0.3m处的81.2%，而第二列沙障后6m处的输沙量仅为第一列沙障前6m处的7.9%；从积沙情况看，第一列沙障前后积沙38.748g/（cm·min），第二列沙障前后积沙0.811/（cm·min），两列沙障范围内积沙54.397g/（cm·min）。这说明高立式沙柳沙障阻沙效果明显，两列高立式沙柳沙障基本拦截了风沙流中的全部沙子，多列式的机械沙障效果优于单列。所以，阻沙带最好由两列沙障组成，同时，如无特殊要求，阻沙带有两列沙障也就可以了，设立太多可能造成浪费。

2. 高立式机械沙障的破损形式和原因

据对库布齐沙漠穿沙公路沙柳沙障的调查，高立式机械沙障的破损形式与其所处的地貌部位有关。高大沙丘区主要是沙埋，其次是风蚀倒伏；河谷低地、丘间低地、缓起伏沙丘区首先是材料腐烂，其次是风蚀倒伏。

（二）半隐蔽式沙障的作用与破损形式

1. 半隐蔽式沙障的作用

中国科学院兰州沙漠研究所对沙坡头地区麦草方格沙障的实测结果表明，沙障区2m高度处的风速比流沙上降低10%，50cm高度处的风速比流沙上降低30%~40%，粗糙度提高400~600倍，风沙活动量仅为流沙表面的0.964%，草方格沙障的固沙效果是极其明显的。

麦草方格沙障和芦苇沙障防风阻沙效益的研究已有大量成果，所以主要研究了沙柳沙障和沙蒿沙障的防风阻沙效益。对伊金霍洛旗巴图塔沙柳基地新设沙柳沙障的观测结果显示：2.5m×5m的沙柳沙障在8.17m/s风速条件下，地表粗糙度为1.30cm，流沙表面为0.005cm，提高了1.295cm，是流沙区的260倍。近地表10cm处降低风速百分比为65.84%，比流沙区高出 30.58%。输沙率为 0.24g/（cm² · min），比流沙表面 6.258g/（cm² · min）的输沙率减少 96.16%，在 9.85m/s 风速条件下，2m×2m 规格的沙柳沙障区地表粗糙度为 2.23cm，比流沙表面提高了 2.225cm，是流沙区的 446 倍。近地表 10cm 处降低风速百分比为 67.5%，比流沙区高出 32.27%，其输沙率为 0.55g/（cm² · min），比流沙表面 6.258g/（cm² · min）输沙量减少 91.2%。在 8.31m/s 风速条件下，2m×2m 规格的沙蒿沙障区地表粗糙度为 1.74cm，比流沙表面提高 1.735cm，是流沙区的 348 倍。近地表 10cm 处降低风速百分比为 55.31%，比流沙区高出 20.08%，输沙率为 0.360g/（cm · min），比流沙表面 6.258g/（cm · min）的输沙量减少 94.25%。在未设沙障的流沙区，起动风速为 4.8 ~ 4.9m/s，设沙障后起动风速明显提高。其中 2.5m×5m 规格的沙柳沙障区提高 1.6m/s，2m×2m 的沙柳沙障区提高 2.1m/s。2.0m×2.0m 沙蒿沙障区提高 1.9m/s，即分别提高了 33%、43.2% 和 39.2%。总的来看，测试区流动沙丘上设沙障后，地表粗糙度提高 260 ~ 446 倍，近地表 10cm 处风速降低值比流沙上高出 20.08% ~ 32.2%，起沙风速提高了 33% ~ 43.3%，输沙量减少了 91.2% ~ 96.16%。

与中国科学院兰州沙漠研究所、中国石油天然气总公司、中国科学院新疆生态与地理研究所等单位的研究结果一样，沙柳沙障的防风阻沙效益与其规格、出露高度、材料的用量（决定沙障的密实程度）等因素有关。防沙体系的维护少不了需要新设沙障。但是，新沙障毕竟不是建立在流动沙丘上，而是建立在已经残破的防沙体系上。虽然有些防沙体系已经严重破损，但残留的碎枝烂草是否就一点作用也没有了，还有就是设过沙障的地方或多或少总会有一些植物出现，这些植物到底有多大的作用，修复防护体系时有没有利用价值，修复的沙障是否应该与流动沙丘区新设的沙障执行同样的标准？这些都是需要回答的问题。

基于以上考虑，又在库布齐沙漠穿沙公路 K90 路段已经严重沙埋的麦草沙障区新设了 200 余亩的沙柳沙障，并对新设沙障的地表粗糙度进行了观测。

沙障具有削弱近地表风速，提高地表粗糙度的作用以外，有两点值得注意：一是流沙区地表粗糙度比其他地区的值要大，二是 2m×4m 沙障的地表粗糙度比 2m×2m 的还大。据中国科学院兰州沙漠研究所，新疆生态与地理研究所等单位在塔克拉玛干沙漠的观测，流动沙丘上的地表粗糙度最大值为0.0033cm，最小为0.0008cm，平均为0.0012cm。在乌兰布和沙漠、腾格里沙漠、毛乌素沙地观测的结果也是这样，112个粗糙度的平均值为0.0046。流沙上的地表粗糙度最小为0.11cm，最大达到0.72cm，相当于植被盖度15%~20%地区的地表粗糙度。究其原因，发现主要与破损沙障未全部分解的残留物有关。由于观测工作是在残破的防护体系内进行的，看起来是流沙覆盖的地方，几年前都设过沙障，只是现在已被流沙埋压，残留的麦草稀疏出露。扒开表面的流沙，就可以见到底下麦草沙障的残体。这也启发：残留沙障仍然具有固沙作用；如果残留沙障在某一地块是连续的，它们就会构成一个风蚀基面，风沙活动只能在此基面之上进行。也就是说，风力侵蚀的深度是有限的，防沙体系内风蚀深度不会超过风蚀基面，风沙流中的含沙量也不容易达到饱和。根据以上推论认为，对这种类型防沙体系的维护可以简单一些。如果迅速修复阻沙带的高立式沙障，确实切断沙源，保证固沙带沙层厚度不再增加，即使固沙带内出现一些风沙活动，也不会对公路形成危害，而这样做就会大大节约防沙体系修复的费用，特别强调保持残留防沙体系的剩余价值就是这个原因。当然，这个结论还需要经过实践的检验。已经在库布齐沙漠穿沙公路K87+800处布置了10000m²的观测场分析，沙子确实只在防沙体系内移动。但因为这几个月刮的主要是东南风，对公路没有产生影响，所以还不能形成最后的结论。

关于沙障的规格与粗糙度问题，理论上2m×2m沙柳沙障的粗糙度值应该比2m×4m大，但在库布齐穿沙公路所得的几组结果与此不符，即2m×4m的沙障粗糙度比2m×2m的还大。这是因为所观测的沙柳沙障中有20~40cm高的杨柴、籽蒿，覆盖度约为18%的植被。这也恰恰说明，即使是设立了沙障，也不要忽视植被的作用，采取一切措施促进植被的恢复是非常重要的，同时，这也提醒，在植被盖度达到15%的地区补设沙障时，规格可以适当放大。

2.半隐蔽式沙障的破损形式和原因

半隐蔽式沙障的破损形式比高立式沙障的破损形式复杂。总的来看，腐烂的沙障主要出现于缓起伏沙丘上和高大沙丘的中下部，风蚀倒伏主要出现在迎风坡中上部到丘顶，沙埋主要出现在背风坡。从以上调查结果看，半隐蔽式沙障的破损形式既与使用的年限有关，又与所处的地貌部位有关。在同等条件下，沙柳沙障要比麦草沙障耐用。从维护的角度看，麦草沙障重在防腐，沙柳沙障重在防止风蚀沙埋。

（三）平铺式柴草沙障的作用

平铺式沙柳沙障的防风固沙效果非常明显。多次观测的平均值显示，2m 和 0.5m 高度处风速比旷野风速减小了 46.2% 和 62.5%。再从 100 次瞬时风速实测值中选出风速为 4.3m/s、5.3m/s、7.9m/s、9.6m/s 和 11.4rn/s 的 5 组风速值计算其粗糙度，结果显示，在几种类型的沙障中，以平铺式沙柳沙障的值最大。平铺式沙柳沙障的高度只有 10～12cm，格状沙障的高度都在 20cm 以上，按理说其粗糙度值应该低于格状沙障，但当地的格状沙障都是用沙柳条设置的，密度小，透风系数大，所以粗糙度比捆绑后摆放到沙面上的平铺式沙障小。

从沙障设置的工程量来看，平铺沙沙柳沙障具有施工速度快、省时省工的优点，其对材料的需求量较直埋式草方格大，在半干旱区，平铺式草方格因大面积接触沙面易腐烂。在新疆地区，对把式芦苇草方格进行了较多试验，整体看来使用效果较好，主要表现为把式草方格可用的材料多元化，具有施工速度快和使用寿命长、易于养护等优点。不同地域和沙害条件下对防护体系的选择要因地制宜、有的放矢。

（四）黏土沙障的作用

前几年在库布齐沙漠穿沙公路 K90 路东的一座沙丘上修筑了三种规格的黏土沙障。对其抗风蚀沙埋能力及对风速、粗糙度的影响进行了观测、调查及观测结果反映，1m×1m 的格状黏土沙障粗糙度为 1.766cm，2m×2m 的格状黏土沙障粗糙度为 0.248cm，分别是流沙粗糙度的 350 倍、50 倍，而带状沙障的粗糙度仅为 0.045cm，不到流沙粗糙度的 10 倍，说明带状黏土沙障的防风固沙能力弱，格状黏土沙障的防风固沙能力较强，而且规格越小，防风固沙效果越好。当然，规格越小，建设成本越高。甘肃民勤县、内蒙古磴口县在固沙造林时也设置过黏土沙障并做过观测。综合有关资料，初步认为 2m×2m 规格的黏土沙障是可以使用的。

(五) 其他几种工程措施的防风阻沙作用

为了找到更多的防沙材料，在修复破损沙障时试用了几种新材料，并对它们的效益进行了观测。单从防风阻沙效益来看，不论是固化剂封固的沙障还是土工编织袋堆筑的高立式沙障，效果都不亚于草方格沙障。看来，这几种材料的应用是有前途的。

三、工程防护体系破损及其后果

任何防护体系都不是一劳永逸的，对于工程防护体系更是这样。工程防护体系多由植物秸秆、高分子化合物、土石材料组成。随着时间的推移，在太阳能、生物能、风能、水能等的作用下，必然出现老化、腐烂、分解等变化，影响到防护体系的功能和作用。更严重的是，位于沙漠中的防护体系不可避免地会受到风蚀、沙埋的影响，进而出现沙障的倒伏和埋没，这就是沙障的破损。沙障破损如不及时修复，就会引起连锁反应，最后造成防护体系的破损甚至崩溃。按理说，防沙体系应该经常维护，出现破损更应该及时修复。但是，由于经费、人员、计划等种种影响，经常维护很难做到，即使对于已经出现破口的防沙体系也很少能够做到及时修复。相关研究一是想搞清防沙体系什么时候需要维护，什么时候必须维护，二是搞清防护体系的破损形式、破损原因和后果，这对于管理部门进行决策和制定科学合理的维护措施具有重要意义。

(一) 工程防沙体系破损的形式

为了研究工程防沙体系的破损问题，对内蒙古西部地区主要公路的防沙体系进行了全面调查，对库布齐沙漠穿沙公路两侧防护体系进行了重点调查。对调查获取的资料进行分析，得到如下认识：公路两侧工程防沙体系破损形式可分为风蚀、沙埋、材料腐烂以及破口四种。风蚀主要造成沙障倒伏和掏蚀，沙埋使沙障被流沙覆盖，材料腐烂使沙障分解失效，破口出现在化学固沙带上，主要由鼠兔挖洞、人畜践踏引起，其结果是使洞口迅速扩大，形成风蚀坑，坑口出现片状积沙。不论沙障以何种形式破损，一旦出现，破损面积都具有成倍甚至呈几何级数增长的特点。

(二) 工程防沙体系破损的特点

（1）体系破损的不等时性。同一时间设置的防沙体系，由于所处的地貌部位，使用的材料不同，几年后的破损程度并非完全相同。如库布齐沙漠穿沙公路 K87+480 路西，处于落沙坡中部的高立式沙障，半年后已有 75% 遭受沙埋，沙丘迎风坡的沙障，3 年后完好率仍达 80%。K93+60 路西的麦草沙障，早些进行秋季调查，丘间低地的已经完全腐烂，沙丘中上部的尚能发挥作用。这些都说明沙障的破损并不是同时发生的。

（2）体系破损的不等量性。工程防护体系破损程度随地形、地貌的变化而变化，呈现不等量性。从沙丘个体来看，迎风坡和丘顶以风蚀破损为主，背风坡以沙埋为主，而材料腐烂先从丘间低地开始，逐步发展到沙丘的各个部位；从整体来看，沙丘高大、密集区、工程防沙体系受风蚀，沙埋破坏最为严重。低矮沙丘区防沙体系受损程度相对较低。对同样的材料、相同使用时间的沙障来说，沙丘顶部、迎风坡中上部风蚀破损严重，背风坡中下部沙埋严重。东部草原地带的沙地上，沙障腐烂速度和程度比西部荒漠半荒漠区严重，西部荒漠半荒漠区风蚀沙埋的速度和程度比东部严重。

（3）体系破损的不等效性。同样破损程度的防护体系，由于所处部位不同，在形成公路沙害过程中的贡献率不同。丘间地的防护体系虽然有破损，但一般不会产生沙害。

（4）体系破损的不均匀性。沙障破损程度与多种因素有关，在其他条件一致的情况下，沙障的规格越大越容易破损，特别是风蚀造成的沙障倒伏表现最为明显。以库布齐沙漠穿沙公路的沙柳方格沙障风蚀破损情况为例，小规格沙障内的风蚀程度弱，大规格沙障内的风蚀程度强，2m×2m 以下规格的沙柳方格沙障的风蚀破损以轻度为主，2m×2m 以上规格的沙柳方格沙障的风蚀破损以中度、重度、极重度为主；在规格相同的情况下，由于地形、地貌、植被等因素的影响，各个调查点沙柳方格沙障的抗风蚀性能、风蚀破损程度差异较大。

（5）破损体系效益的残留性。不论防护体系的破损程度多大，但残留的部分仍具有一定的防护功能，即使体系全部被沙埋，其地表粗糙度仍比流沙地的大几十倍甚至几百倍。

破损体系效益的残留性对维护工作具有重要意义。利用好残留效益可以节约维护开支、减轻维护工作量、提高维护工作的效益。同时，防沙体系破损的特点也说明，对防沙体系的维护和修复不可能采取同样的措施，必须根据具体情况具体处理。

（三）工程防沙体系破损的后果

公路沙害防护体系就是用来保护公路的，防护体系破损的后果就是路基风蚀或流沙冲上公路，影响行车甚至阻断交通。但是，防护体系的破损有一个过程，破损的程度、形式、部位也不一样，因此，防沙体系破损首先造成防护功能的减弱和效益的下降，功能减弱和效益下降的程度又取决于沙障破损的程度和破损的部位。研究这些问题对于制定维护技术措施有重要意义。

为了研究沙障破损程度与公路沙害之间的关系，在库布齐沙漠穿沙公路、210国道包头—东胜段、208国道锡林郭勒盟段、省道101、陕西榆靖高速公路、内蒙古伊金霍洛旗至陕西榆林的新建公路两侧，对沙障破损情况、破损程度进行了调查，对破损原因进行了分析，用多点遥测风速仪和自制积沙仪对不同破损程度的多种沙障进行了观测，观测内容主要是风速梯度和输沙量。并以地表粗糙度和输沙率为指标，对沙障破损程度与风沙运动强度之间的关系进行了分析研究。结果如下：

1. 沙障破损与防风阻沙效益的关系

衡量沙障防风阻沙效益的指标有输沙量和地表粗糙度。因为观测当年大风天太少，几次观测都没有达到起沙风速，故用地表粗糙度来衡量沙障的效益。

沙障破损后，地表粗糙度大大降低，即使是严重破损的防沙体系，地表粗糙度仍然是流沙的几倍至几百倍。如高立式沙障倒伏后又遭到沙埋的地区，地表粗糙度仍然达到0.25，是流沙的83倍；平铺式沙障沙埋75%以后，地表粗糙度仍然达到0.34，是流沙的85倍。就是说，防沙体系即使破损后，仍然具有很强的防风阻沙效益。在库布齐沙漠穿沙公路也多次观测到，很多严重腐烂的麦草沙障，地面上已经见不到麦草的踪迹，但仍然可以见到一列列沙埋；只要沙埋还在，风蚀作用就不能无限制地向下进行。还有些地方是流沙下面有已经被埋掉的沙障，这些地方即使再出现风蚀，其深度也只能达到原来的沙面高度而不能继续向下进行，也就是说，残留沙障构成了一个风蚀基面，风沙活动只能在基面以上而不能在基面以下进行。沙障的这种效益被称为它的残留效益。沙障的残留效益对于防沙体系的维护和修复有重要意义。

2. 沙障破损与输沙率的关系

相同风速下机械沙障内输沙率比流动沙丘表面明显降低，小规格沙障的输沙率比大规格沙障的要小。随着沙障破损率的增加，输沙率同步增加，但输沙率仍远远小于流动沙丘，因此，破损沙障仍具有阻沙、固沙作用。

（四）工程防沙体系破损的鉴别

制定沙障破损鉴别标准，不但有利于公路养护部门指导生产实践，还可以为管理部门决策提供参考依据。

1. 风蚀破损鉴别

为了便于施工单位和公路养护部门使用，提出了破损率的概念，并结合地表粗糙度和输沙量观测结果制定一个直观的鉴别标准。其中破损率定义为：在风蚀作用下倒伏、破损沙障与全部沙障面积之比的百分数。工程防护体系风蚀破损程度可划分为以下四级。

（1）轻度破损。破损率为 0 ~ 25%；高立式沙障出现埋压、倒伏，固沙带内部出现斑块状积沙或 ≤ 5% 的风蚀破口，地表粗糙度无明显变化。

（2）中度破损。破损率为 25% ~ 40%；高立式沙障积沙厚度达到沙障高度的 50%，固沙带出现面积 10% ~ 20% 的风蚀斑块，斑块下风向出现风沙活动，地表粗糙度降低 30% ~ 40%。

（3）重度破损。固沙带风蚀斑块的面积达到 20% 以上，沙埋面积达到 30% 以上，总破损率为 40% ~ 75%，防沙体系内部出现通畅的气流通道和连续的风沙流，路面出现积沙，地表粗糙度降低 40% ~ 60%，防护体系修复困难。

（4）极重度破损。麦草沙障基本腐烂，沙柳沙障大部分倒伏，沙障总破损率在 75% 以上。地表粗糙度降低 60% 以上，防护体系基本失效，路面多处积沙，沙障修复极其困难。

2.沙埋程度鉴别

主要针对阻沙体系，以沙埋率（沙埋高度与沙障高度之比的百分数）为指标，可将工程防护体系沙埋程度划分为以下四级。

（1）轻度沙埋。积沙厚度≤沙障高度的1/4。

（2）中度沙埋。积沙厚度≤沙障高度的1/2，两列沙障之间出现风蚀现象。

（3）重度沙埋。积沙厚度≤沙障高度的3/4，两列沙障之间出现强烈风蚀，并成为固沙带的新沙源。

（4）极重度沙埋。积沙厚度≥沙障高度的3/4，沙障基本失效。

（五）工程防护体系破损原因综述

1.防沙体系的自然破损

工程防沙体系是由无生命的有机或无机材料所组成，防沙体系建成后，长年累月地处于太阳能、风能、生物能的作用下，日复一日地经受着风吹雨淋、热胀冷缩、生物分解、风蚀沙埋的作用，出现老化、腐烂、残破是必然现象。即使由卵石铺筑的输沙平台，也会因为土壤的冻结消融而出现松动，最后导致体系的破损，所以说防沙体系的破损是一种自然现象，只不过是由于所处的位置不同，所使用的材料不同，破损的时间可能不一样罢了。

2.防沙体系结构不合理

工程防沙体系在建设之初，没有科学合理的规划设计，阻沙带、固沙带、输沙带配置不当，没有形成完整的防沙体系，加速了防沙体系破损的速度。这种现象在一些地方公路和低等级公路上比较常见。在库布齐沙漠穿沙公路K66+220～K66+320和K66+320～K66+450设置了两个观测点，对前者进行了简单的修复（主要是扶正阻沙带所有的高立式沙障），后者则人为破坏了所有的高立式沙障。从设立观测点开始进行了4次对比观测，发现前者阻沙带沙障前后平均积沙26cm，固沙带格状沙障中有沙子的迁移现象，但只是在几个沙障之间运动，沙障沙埋和倒伏的比例没有增加，后者格状沙障被埋压的面积增加了17%。防护体系不完善或配置不当是其破损的主要原因。再如，阻沙带带间距过大，常导致带间起沙，其结果是高立式沙障因风蚀而倒伏、格状沙障被埋压。还有就是固沙带沙障规格选择不当，没有形成外疏内紧的格局，沙障受风蚀破坏严重；输沙带内沙障设置太密集，或紧靠公路路肩设置高立式、低立式沙障，主观上想阻沙护路，而实际上造成沙障被埋，引沙上路。在多向风交替出现的地方，没有重视反向风对工程防护体系的影响，主风是防住了，反向风带来的流沙却上路了。如库布齐沙漠穿沙公路，4—8月东南风多次出现，结果有多处流沙上路。此外，工程防护体系的结构不合理也是体系破损的重要原因，如透风结构的防护体系（孔隙度大于30%），就因为沙障基部易遭风蚀而倒伏，而紧密结构的土工布则因为阻截所有的来沙而很快就被沙埋。

3. 建设质量差

沙障埋深浅，抗风蚀能力小，容易倒伏。沙障设置时缺少加固、编织环节，整体抗风性能弱，一遇大风日就会大面积倒伏。对内蒙古鄂尔多斯市巴图塔沙柳基地沙柳沙障埋深与倒伏的关系进行了调查，发现沙障倒伏率与埋深及沙丘部位有密切的关系，迎风坡沙柳的埋深小于15cm时倒伏严重。背风坡沙障倒伏并不完全是由于风蚀，有很大一部分沙障是因为泻溜下来的沙子推倒的。巴图塔沙柳基地一次性建设沙柳沙障4000亩，除了当时划定的观测区以外，还能见到有的沙丘迎风坡沙障成片倒伏，有的基本没有倒伏，原因与施工者的施工质量有关，凡是承包给临时施工人员的地段，验收时就因为施工质量问题发生争执，现在倒伏率较高的也是这些地段。所以认为，施工质量是影响沙障倒伏率的一个重要因素。考虑到沙丘部位对沙障倒伏的影响，同时考虑节约施工经费问题，提出设沙障时迎风坡沙柳的埋深不能小于20cm，而背风坡在10cm左右就可以了。

除施工质量问题以外，设计不科学也是影响沙障破损的重要原因。如有些地段设计时没有充分考虑当地的主害风合成风向，垂直于主害风合成风向的沙障间距反而大于平行方向的间距，还有的主带设置不是与主害风合成风向垂直而是平行，致使沙障抗风蚀、沙埋能力差；还有的没有充分考虑到当地的微地形、地貌，风口地段沙障规格太大，导致该地段沙障大面积风蚀而破损；如库布齐沙漠穿沙公路，很多高立式沙障建在沙丘的背风坡中部，不但起不到阻沙作用，还加速了沙障的破损速度。

4. 日常维护不到位

工程防沙体系需要根据破损情况及时进行维护。有些地方把公路清沙看成"硬任务"，而把防沙体系的维护看成"软任务"，平时对防沙体系的维护不重视，出现破口不能及时修复，或者流沙只要不上路就不算问题，宁肯被动清沙，不愿意主动修复防沙体系，等到体系已经不可修复时再申请一笔经费重设，这种做法不仅增大投资，还会在一个时期之内产生严重的公路沙害。这种现象需要尽快改变。

5. 管理方面存在问题

（1）维护部门不明确。目前公路清沙任务属于养护部门是明确的，但防沙体系的维护属于哪个部门还不明确，还有的地方只明确了任务但没有配备人员，也有的是没有这方面的经费，使本该及时维护的防沙体系一拖再拖，破口越来越大，甚至造成整个体系的崩溃。

（2）防沙体系维护经费不到位。目前大多数省区没有把防沙体系的维护经费列入预算，还有的省区宁肯一次性下拨防沙体系重设经费，而不考虑平时的维护经费，这样做实际上并不省钱。

（3）技术人员缺乏，特别是缺治沙和造林方面的专门人才。这些都是造成防沙体系维护技术水平低、维护工作不到位的重要原因。

四、工程防沙体系的维护

（一）工程防护体系维护原则

工程防护体系维护应遵循"技术可靠，施工简易，经济合理，效果良好"的指导思想，在具体的维护过程中应遵守以下原则。

1. 以防为主、防修结合的原则

防沙体系维护的目的就是减少沙障的破损。为了减少维护工作量，首先要防止沙障出现破损，即使出现一些小的破损，也要立即修复，防止破口的扩大和加积性破损的出现。防止沙障的破损应该成为维护工作第一位的原则。

2. 工程措施与生物措施互补的原则

所有人都知道，在沙害防治工作中，植物措施治本，工程措施治标。所以，只要有可能，就要想尽办法建设植物固沙体系，或者建设工程与植物结合的综合体系。但是，有些地方不考虑自然条件，不考虑地形的高低起伏，不考虑沙层含水率和潜水埋深，不考虑植物物种的生物学特性，盲目地追求所谓的"自然美"，公路两边一律栽乔木、栽针叶树，结果造成很大浪费，防风固沙的效果还不好。还有的是强求统一，不论是丘间低地还是沙丘顶部，都搞一种规格的沙障，搞一样宽的防护带，没有充分利用丘间低地水分条件好、植被盖度高的有利条件，实际也是一种浪费。我国沙漠公路广泛分布于草原区、半荒漠区、荒漠区，各个区域气温年较差、日较差，风速、风向、降水量、蒸发量、地下水含量差异很大，即使在同一区域内，不同路段降水量，地下水含量差异也很明显。强求统一的做法显然是不科学的。正确的做法是能搞植物防沙体系的就一定要搞植物体系，依靠封育可以恢复的就不搞人工种植。即使是搞工程防沙体系，设沙障时也要考虑植被恢复的可能性。许多地方由于风蚀沙埋过于严重，流动沙丘上植物根本不能立足，但是，一旦设立机械沙障，植被很快就可以恢复。例如，库布齐沙漠穿沙公路 K55～95 段，设沙障前植被盖度不足 3%，设沙障后的第二年，植被盖度达到 14% 左右，现在 K55～87 段达到 60%，K87～95 的大沙段也达到 10% 左右。所以提出，公路防沙体系能搞成植物的就不搞工程的，能自然恢复的就不搞人工造林种草。必须设机械沙障的，设置时也要考虑植物恢复的可能性，机械沙障设置的目的一是控制公路沙害，二是为植物的生长创造条件。已经设立机械沙障的地方，维护工作的首要任务是促进植物的恢复。因为设立机械沙障后影响植物成活和生长的三个主要因素（缺水、风蚀、沙埋）只剩下一个（缺水），这时候采取飞机播种、封育、人工造林种草等措施，其效果非常明显。当然，植物防沙措施见效慢，对环境条件的要求严格，风险大都是需要考虑的问题。故而认为，充分利用机械沙障设立后风沙活动减弱的有利条件，尽量恢复植被，尽可能地建立工程措施与生物措施相结合的防护体系，形成两者之间互为补充、互为保障的格局应该成为维护工作的一条原则。

3. 能修不设原则

针对公路两侧工程防护体系的破损情况，根据风蚀破损程度和沙埋程度的鉴定，对于轻度破损、中度破损的地段，只进行维护而不重设。

4. 经济有效原则

实际就是要少花钱多办事。在效果相同的前提下，材料首先选择最便宜的，防护措施首先选择最经济的，这个道理非常简单。但考虑问题时必须全面，不能只考虑眼前、局部和短期利益，而应该以最小的投资获得最大的效益为原则。

5. 因势利导的原则

工程防沙体系的破损必然导致防沙效益的下降，但是，对破损体系的修复并不一定要恢复防沙体系的原貌，而是要根据风沙地貌和风沙运动的最新变化采取相应的对策。例如，库布齐沙漠穿沙公路 K67+550 路西的一个新月形沙丘上的沙柳沙障已经完全破损，如果进行维修就应该在沙丘上重设沙障。但是，沙丘前方的丘间低地已经布满了羊柴、沙蒿和沙打旺等植物，经过对沙丘体积和丘间低地面积的计算，判断出沙丘即使吹平并且进入灌木林地也只能形成 30cm 的覆沙，既不会影响公路，也不会造成其他沙障的破坏，而且还会促进植物的生长，所以没有对该沙丘采取任何措施，而是在其上风向的一列沙丘上设立了高立式沙障，后期沙丘已经消散，林地中各种植物长势旺盛。引沙入林的效果是：节约了修复沙障的费用，促进了植物的生长，还消灭了沙丘，一举多得。此外，防沙体系建立后植被恢复速度很快，沙丘上的蚀积状况随之发生了变化，利用这种变化治理沙害有时可以收到很好的效果。所以，具体情况具体处理，因势利导因害设防，节约投资节约材料应该成为防沙体系修复的一条原则。

6. 就地取材的原则

工程防护体系的维护应坚持就地取材的原则，避免远距离运输造成的不必要浪费。如在工程防护体系的维护中，库布齐沙漠穿沙公路应首选沙柳枝条、沙蒿灌丛，而腾格里沙漠应首选稻草、麦草，冲积平原、湖积平原区可以选择黏土，砾质戈壁地区也可选择卵石作为原料。

7. 坚持日常维护、早维护、早修复的原则

据库布齐沙漠穿沙公路防护体系修复试验结果及对有关资料的综合分析，轻度破损的防护体系很容易修复；中度破损的防护体系也可以修复，但修复工作量会成倍增加；重度破损的防护体系修复困难甚至不能修复，只好重设。以库布齐沙漠穿沙公路阻沙带的高立式沙障为例，一个 10m 宽的破口一个工人 1h 就可以修复，如果等到一年后再修复，就需要一个工作日。因为这时至少有 30m 的格状沙障已被埋压。对防护体系早维护、早修复可

以收到事半功倍的效果。

(二)工程防沙体系维护技术

1. 防沙体系破损的预防技术

沙障和体系破损在很多情况下是因为材料选择不当或施工质量不高造成的，也有的是出现破口以后没有及时修复而扩大的。实际上，这些问题都是可以避免的。为了防止沙障的破损或缩小破损面积，首先要防止上述问题的出现。例如，在建设防沙体系时选用不易腐烂和老化的材料，黑色的尼龙网容易老化，选择白色的尼龙网；稻草比麦草容易腐烂，尽量选择麦草。沙丘迎风坡中上部容易风蚀，沙障就栽得深一些；鼠洞，兔洞，刺猬、沙蜥的洞口往往成为风蚀的突破口和风蚀源头，就要及时封堵洞口。高立式沙障局部破损往往成为风口和沙物质侵入固沙带的通道，其后果不是格状沙障被埋就是被风蚀，必须及时修复。公路路肩出现植被或施工丢弃的材料时也容易造成路面积沙，养护工人应该在发现后及时清除，不要等到积沙后再清除，等等。

为了预防防沙体系的破损，还要加强对公路周边地区植被和环境的保护。例如，尽量减少无路行车，尽量减少乱采乱挖，减少随意弃土弃石，减少点火取暖、生火煮饭，等等。防护体系建成后，还要注意防止人为破坏，如盗窃围栏、盗窃树木、盗割草灌木等。要与地方执法部门配合，加大宣传力度，运用森林法、草原法、环境保护法、公路法等法律法规，依法做好路域生态系统的保护和防沙体系的保护工作。

(1)植被保护技术。一般来说，沙障建成 2～3 年后，工程防沙体系开始破损，但即使是最干旱的荒漠地区，沙障中或多或少也会出现一些植被。植被的恢复和出现对提高防沙体系的稳定性和防沙效益、延长防沙体系的使用年限有重要意义。加强植物的保护应该是防沙体系维护的一项重要任务。目前有些地方对植被保护的认识程度不高，特别是在道路改扩建工程中没有充分注意到这个问题，是需要尽快改变的。

(2)植被恢复技术。流动沙丘设置机械沙障后，沙面风蚀沙埋程度大大减轻，非常有利于植被的恢复，公路养护部门应该抓住这个有利时机大力植树种草，恢复植被。在库布齐沙漠穿沙公路依托工程区的沙柳沙障中种植了沙柳 6000 株，成活率达到 32%，是未设沙障的流沙区的 4.2 倍，利用沙障建立后的有利时机恢复植被，应该成为一项重要的维护任务。

（3）防沙材料防腐处理。草方格沙障破损的主要原因是材料腐烂，如果在腐烂前对材料进行防腐处理就可以延长它的使用时间，中国科学院兰州沙漠研究所的胡英娣就进行了麦草和沙柳条防腐试验。选择这两种材料的原因是它们已经在工程防沙中被广泛使用。考虑到生产部门实际应用中的可操作性，所选择的防腐剂都是来源丰富，价格低廉，使用方便、无污染，对沙地生物无毒副作用的化学制剂。目前筛选出的防腐剂有锌盐、铜盐、氟化物、五氯酚钠、PVA 等 8 种。

具体方法是：用喷雾器将配好的适当浓度的防腐剂均匀喷洒于需要维护的沙障上。但要注意当时当地的情况，如当地空气湿度较大时，应加大防腐剂浓度；湿度较小时应减小防腐剂用量。

2. 日常维护

（1）防火。工程防沙体系大都是柴、草、化学物质等构成的障蔽物，加之沙漠地区气温、地温高，火险隐患大，做好经常性的防火工作是保障工程防护体系完整的重要措施。防火主要在冬春季节以巡逻、检查、限制行人和驾驶员生火取暖为手段。必要时，可以在公路与防沙体系之间布设防火带。

（2）封禁。固沙带、阻沙带可设围栏封禁，防止人畜践踏，损伤防护体系，封禁后要设专人看管。

（3）检查。养护工人要深入防护体系中，逐个沙丘逐个地块地检查，遇到小的破口及时修补（如鼠兔盗挖的洞口处在迎风坡上，就必须及时填埋），遇到大面积的破损及时汇报，以便工区及时采取措施。

3. 典型维护

（1）加固技术。对因风蚀而发生倾斜或倒伏的立式机械沙障进行加固。使用材料有沙柳条、芦苇、高秆作物，等等。加固方法有以下两种。

①深埋培沙加固。把因风蚀而倒伏的高立式沙障扶正，使之密集排紧，下部适当加些较短的梢头，使密度较大些，两侧培沙踏实，培沙要高出沙面 10cm 左右，使沙障稳固。

②编条加固。在破坏的立式沙障中上部横向加一列或两列沙柳条，编织或绑固使其稳固。有些地方在加固时使用流动沙丘上拔下来的沙竹等材

料，这个方法也并非不可使用，但要以不破坏植被为度。

库布齐沙漠穿沙公路的沙柳沙障加固后，防风固沙效益基本恢复到新沙障的水平。

（2）加密技术。对因风蚀、腐蚀而发生自然稀疏的立式沙障或规格较大的低立式或平铺式沙障进行加密，可以获得良好的固沙效果。如库布齐沙漠穿沙公路 K93～94 路西的半隐蔽式沙柳沙障，规格普遍为 4m×4m，有的达到 4m×6m 甚至 6m×6m。由于规格过大，难于控制风沙流运动，在沙障中间加插了一排沙柳条，马上就达到小风不起沙、大风沙面基本稳定的效果。

加密材料可选用沙柳条、芦苇、葵花秤、高秤作物秸秆等。方法有以下三种。

①纵向加密。把直径较粗的沙柳条一端削尖，钉入稀疏的沙柳间，以达到加大沙柳条密度、减小疏透度的目的。

②横向加密。具体做法同上述"编条加固"措施。

③中间加密。在沙障规格过大的地方，可在沙障间适当加插一列或数列沙柳条，缩小沙障规格，这样会使防护效果明显增加。

（3）拔高技术。据黄强等专家在塔里木沙漠公路沿线调查发现，不同地貌部位的高立式沙障阻沙效果不同，沙埋程度也不同。垄间平地上的高立式沙障不易沙埋，垄体、垭口和过度区段的高立式沙障易遭沙埋，如果不能及时修复，阻沙作用就会大大降低，2～3 年内即被完全埋没。但是，此时的材料却并未全部腐烂，其中有些造价高、耐腐烂的材料还可以重复使用，如枕木、尼龙网、立柱等。很多专家已经认识到了这一点，并提出人工拔高沙障的意见。但是，实际操作中困难较多，拔得太早没必要，太晚了又拔不动。再者，沙漠当中施工困难，拔高沙障完全依靠人工作业，难度较大，并且有的材料已经处于半腐烂状态，一拔就断。所以，目前生产中这样做的单位还很少。但是，拔高沙障确实比重设合算。在库布齐沙漠穿沙公路所做的试验证明，拔高沙障的投资仅占重设沙障的 57.5%，虽然使用时间可能短一些，但对于材料短缺的地区，对于耐腐的旧枕木、尼龙网来说，意义还是很大的。

需要说明的是，拔高技术适用于中度沙埋的高立式沙障。对重度沙埋的高立式沙障，需要先清沙，后拔高，工作量会增加 2 倍左右。

具体方法：适当清理机械沙障两侧的积沙，将沙障拔高。旧材料的利用率为60%～90%，所以必须补充新材料。如在拔高沙柳沙障时就补充了40%的新材料。

注意：高立式沙障扎设时的埋深一般不会小于20cm，沙埋30cm后再拔高困难很大，因此需要经常检查，发现沙埋后尽快拔高。补充的新材料最好与旧材料交错使用，以提高旧材料的耐性。

（4）结构改造。

适用范围：基部掏蚀、整体沙埋的土工方格沙障。

具体方法：适当清理土工布两侧的积沙，给土工布打眼，使其疏透度达到20%～40%。

4. 防沙体系的维护

虽然防沙体系是由各种类型的沙障组成的，但是，对于防沙体系来说，其维护技术并不是对沙障的修修补补，对防沙体系进行科学维护也是研究的内容之一。对防沙体系的维护主要有如下四种类型。

（1）应急维护。应急维护是一种临时补救措施，是对日常维护工作的补救和完善，也是对日常维护成果的检验。自然界的情况是非常复杂的，即使是很完善的防护体系，在一场大风过后出现破损、缺口、流沙上路等现象也是不奇怪的。例如，1995年5月5日起源于甘肃河西地区的特大沙尘暴过后，公路积沙多达几百处。这时就要及时清理路面积沙，修补破损的防护体系，这就是应急维护。应急维护的要点是：①平时做好维护工作，以减少大风过后积沙的数量；②大风季节到来之前做好人力、物力、财力特别是机械的准备工作，一旦出现积沙可以马上赶赴现场，迅速清除积沙；③清除积沙后尽快修补防护体系，切断沙源，防止重新积沙和二次积沙；④清理后的积沙要妥善处理，不可随便丢弃在路边，以免成为新的沙源。

（2）生物措施辅助维护。根据野外调查，即使是在极端干旱的塔里木地区和阿拉善地区，流动沙丘上设置机械沙障后，由于风沙活动强度下降，影响植物生长的风蚀沙埋现象减轻，总会有或多或少的植物出现在沙面上。例如，荒漠地带的腾格里沙漠沙坡头地区，沙障中植被盖度可以稳定在20%左右，半荒漠地带的库布齐沙漠设立机械沙障后，高大沙丘区植被盖度达到15%左右，丘间低地达到30%左右，从K62～K83大缓丘低地区，植被盖度达到 60% 以上，比不设沙障的流动沙丘区高出 3 倍以上。在乌兰布和沙漠对不同植被盖度区输沙量的观测证明，植被盖度达到 15% 时，输沙量减少 43%，中国石油天然气总公司塔里木石油勘探开发指挥部的观测治理证实，植被盖度达到 15.2% 时，地表粗糙度达到 0.0485cm，是流动沙丘区的 34.83 倍。据在库布齐沙漠穿沙公路实测，植被盖度达到 15% 时，4m×4m 的格状沙障地表粗糙度比 2m×2m 无植被的沙障还高，植被盖度达到 30% 以上时，流沙基本呈斑块状出现。就是说，只要有一定的植被覆盖，沙障规格过大导致的风沙活动就可以消除或减弱。所以，设立机械防护体系以后还要尽量促进植被的恢复，在适宜植物生长的地方，应选择一些耐旱、耐盐、耐风蚀沙埋的植物种进行飞播或人工种植，以补充机械沙障防护效益方面的不足或缺陷，同时延长机械沙障的使用年限，并且逐步形成以植物措施为主的防沙体系，从根本上解决沙害问题。

(3) 防沙体系不同功能带的维护。前已述及，完善的防沙体系由阻沙带、固沙带和输沙带组成。各带的功能不同，破损后产生的后果以及维护技术也成为研究的一个重要内容。

根据在库布齐沙漠穿沙公路设立的定位观测点和垂直于公路的调查线的资料，防沙体系各功能带的破损形式不一样，破损的后果也不一样。其中，阻沙带的破损形式主要是高立式沙障的风蚀倒伏和沙埋，其主要特点是体系一旦出现破损，往往成为风口和风沙流运行的通道，风和风沙流会沿着通道向固沙带发展，造成固沙带格状沙障的严重风蚀或沙埋。如果任其发展，很快就会形成一条指向公路的"沙舌"，对公路形成严重威胁。在库布齐沙漠穿沙公路设立的 2 号定位观测点就是这样的一条活化沙带。该沙带上风向阻沙带的高立式沙障破口宽度为 11m，而破口下方固沙带的格状沙障破损面积达到 112m²。在 110 国道临河段、6 口段，109 国道杭锦旗段，包府公路大柳塔以北 20～22km 处甚至尚未通车的伊金霍洛—榆林路段，这种现象经常可以看到。可见，高立式沙障破损的后果是极其严重的，它会引起固沙带沙障的连续破坏，所以对阻沙带的高立式沙障要给予特别的关注。

固沙带的破损主要是格状沙障的腐烂和风蚀沙埋，特点是体系内部出现斑块状流沙或风蚀坑。在半荒漠地带的库布齐沙漠，比较普遍的现象是沙丘顶部沙障因风蚀倒伏而出现斑块状流沙，而在东部草原地带则以沙丘迎风坡的斑块状风蚀坑更为常见。半荒漠地带的斑块状流沙有些是阻沙带破损后从体系以外搬运进来，更多是体系内部局部沙障破损造成。其发展过程往往是先在体系内部出现风蚀破口，然后以此为基点向下风向发展，逐步扩展到整个沙丘上部，吹扬起来的流沙则在下风区埋压部分沙障。但是，这些地段的沙层厚度都是有限的，一般不会运移到体系以外，在库布齐沙漠设的六个定位观测点和在国道304线、地方公路乌金线的调查都证明了这一点。此外，调查中还发现，斑块状破损是固沙带破损的主要形式，整个防沙体系全面破损的情况还是比较少见的。另外，即使防沙体系内部出现了斑块状破损和风沙活动，其活动范围也主要限于防沙体系之内，只要体系没有崩溃，流沙冲上公路的概率还是比较小的。

对公路威胁最大的是输沙带的积沙。输沙带紧邻公路，一旦出现风沙活动流沙就会直接冲上公路，造成沙害。这是需要特别予以注意的。库布齐沙漠穿沙公路 K87～95 的大沙段没有设计输沙带，固沙带的沙障已经严重破损，路边由于水分条件较好（降雨时路面上的水分不会下渗只会向两侧分流，使路边接收到更多的降水），植被盖度较高，已经成为流沙的聚集区，冬季以来已经多次出现路面积沙。特别是在 K90～92 路段，沙丘高度超出路面 3～5m，夏季路面积沙成为普遍现象。在其他一些公路上，如毛乌素沙漠中的府深线、乌审旗到鄂托克前旗公路，原来就没有预留输沙带，沙丘紧邻公路，而且公路路基高度低于沙丘成为路堑，所以公路沙害就成为一种普遍现象。

通过以上分析认为，公路防沙体系各功能带的破损形式、破损特点不一样，产生的后果也不一样，所以维护技术也不一样。阻沙带沙障的破损会造成固沙带的严重破坏，出现破损必须及早进行维护，甚至在沙障破损之前就应该防止其破损，特别是要防止破口的出现。输沙带沙障破损或沙障不完善，流沙就会直接威胁公路，所以维护工作显得特别重要。固沙带沙障的破损主要是斑块状破损，即使出现了20%左右的破损，风沙流活动范围也主要限于体系内部，对公路的威胁不大，不应该成为维护工作的重点。即使需要进行维护，主要任务应该是堵住风蚀破口，防止其进一步扩大。对于遭受沙埋的沙障，可以不做专门处理，一般经过1～2年，流沙就会消散在体系之中。对防沙体系的这种维护办法称为"堵住两头（阻沙带和输沙带），放开中间（固沙带）"。这样做固然比全面维护增加了沙害的危险，但可以大大节约维护资金。在库布齐沙漠穿沙公路 K87+400、K67+100 处就使用了这样的维护技术。虽然因为时间很短还不能下定论,但可以肯定,至少在半荒漠地带和干草原地带,借助植物的作用,这种方法是可行的。

(4) 不同破损程度防沙体系的维护技术。防沙体系的破损程度不同,维护的主要任务和技术要点也不同。新设机械防沙体系维护的主要任务是防止破损,对其要进行经常性的检查,发现问题及时处理。特别是阻沙带出现沙埋沙障问题时需要尽快拔高,否则沙障就会因为积沙过多而无法处理。阻沙带沙障埋压的速度很快,当年 4 月在库布齐沙漠设立的高立式沙障,到 6 月中旬有 20m 长的一段。

(三) 防沙体系更新与改造可行性分析

不论是工程防护体系还是生物防护体系,经过长期的运行和使用,都会不同程度地出现老化、退化、分化等问题,变化的结果有两种:防护体系变得更稳固更完善,即工程防护体系中植被盖度达到 30% 以上,单纯的工程防护体系变成工程与生物结合的综合防护体系,如库布齐沙漠穿沙公路 K62~83 段,包兰铁路沙坡头至迎水桥段,还有的是单纯的人工林变成了乔灌草结合的复合林带,如 207 国道 K188 路段等。防护体系大面积破损或老化,简单的修修补补已经不能解决沙害影响交通的问题,需要对整个防护体系进行更新与改造,如三道坎到吉兰泰的乌吉铁路,从通车到现在,对防护体系大面积的改造与更新就有 7~8 次之多。再如塔里木石油公路,防沙体系已经建成 6~7 年,以芦苇为主的防护体系面临着材料老化腐烂、风蚀沙埋严重等问题,为了解决防护体系的改造更新问题,在塔中地区研究了生物固沙和生物防护体系建设问题。建成了植物防沙体系,非常成功,运行将近 20 年没有出现过风沙危害公路的情况,彻底解决了塔里木石油公路的风沙危害。

对防护体系的改造与更新涉及很多问题,如原有防护体系能否利用或部分利用,原有防护体系是否合理,主要存在哪些问题,风沙地貌和风沙危害有哪些新的变化,现有植被如何利用,工程防护体系与生物防护体系如何衔接等。为了解决这些问题,以库布齐沙漠穿沙公路为例,通过定位观测,对与防护体系改造和更新有关的 4 个问题进行了初步研究。

1.防护体系宽度问题

防护体系宽度问题关系到工程造价和防护效益，是业内多年来一直希望解决的一个问题。但由于各地情况差异较大，建设单位的投资标准、要求也不一样，所以至今仍无定论，只在考虑防护效益的前提下，对此做些探讨。

（1）基本假设。当风沙流从旷野到达防护体系时，若风沙流与防护体系成任意夹角、大小为 u 的速度吹过设置有沙障的沙面时，风力将沿水平方向和垂直方向发生分解。此时，对防护体系起作用的风沙流的分量为 u_1。当 u_1 小于起沙风速时，因没有足够的动能挟带沙粒，防护体系内部的沙粒将不发生起动；当 u_1 大于起动风速时，则旷野风速条件下形成的风沙流因遇防护体系阻碍而发生动能损耗，在防护体系前后均会产生涡旋，引起沙粒在防护体系前后沉降，从而将一定数量的沙粒卸载下来，卸载后的气流挟沙力如果仍大于含沙量，则气流在沿程运动过程中，会造成防护体系内部的沙粒发生迁移，使风沙流在蚀积的动态平衡中保持恒定。因此，可用在一定时间范围内沙粒的迁移量表示防护体系的防护效益。

在单位时间内，若沙粒迁移量最大值小，沙粒迁移量最小值大，则极差变化量小，说明沙粒迁移较为均一，防护体系功能较好，而两者变化量大，说明防护体系内部沙粒迁移不均，有的地段风蚀，有的地段堆积，使防护体系内部沙粒变化增大。

（2）结果与分析。基于此，在穿沙公路上风侧不同宽度的防护体系内部，每隔3m设置一根铁钎，定位观测防护体系内部沙子的风蚀堆积状况。若设置标准与规格相同，单纯考虑防护体系宽度对经济投入的影响，则设置180～200m宽度防护体系的经济投入是48m防护体系宽度的3.75～4.17倍、是100m防护体系宽度的1.8～2.0倍。因此，防护体系越宽，经济投入越大。综合考虑阻沙效益的正常发挥和经济投入影响等因素，建议库布齐沙漠穿沙公路上风侧的防护体系最低宽度不低于180m，实践中可选择200m。对于下风侧，依据塔里木石油公路上风侧和下风侧防护体系的设置及穿沙公路的设置实践，下风侧的防护体系宽度可适当酌减至75%，即下风侧防护体系宽度为135～150m。

2.阻沙带沙障高度与阻沙效益的关系

在野外设置沙障后，随时间推移，高立式沙障前后的积沙增多，当高立式沙障的外露高度降低时，沙障的阻沙功能下降，当沙障被完全埋没后，则在沙障后可形成一个风蚀凹槽，使风沙流顺利通过，不能有效地阻挡风沙流的过境和沙丘顶部前移，阻沙效率大为降低，对其后面的半隐蔽式防沙体系有很大危害，对线路产生严重的隐患。因此，当栅栏外露高度较小，阻沙效率降低到一定值后，应及时设置或拔高栅栏，使其更为有效地进行防护。

沙地内设置沙障后，经过一段时间的吹刮，在障间的沙面便会形成一段较为平滑的圆弧，沙面最高点处圆的弦切角为干沙的休止角，而且风沙流在障前的积沙范围为障高的 2 ~ 3 倍，在障后有积沙范围为障高的 8 ~ 12 倍。在库布齐穿沙公路高立式沙障的设置材料为沙柳，其高度为 1.5m。由此，沙柳高立式沙障障前积沙范围为 3 ~ 4.5m，障后积沙范围为 12 ~ 18m。依据积沙范围而设置的高立式沙障障间距一般为 15m。当沙障投入使用一段时间后，在障前和障后分别发生积沙，使得沙障高度有效高度降低，而且障间因发生积沙而使得积沙的有效空间减小，从而使阻沙功能下降。为降低沙障重设而带来的经济增加，本着经济有效的原则，可采用拔高技术来维护沙障正常功能的发挥。但何时拔高沙障是问题的关键。该高度必须同时满足两个条件，即此高度下，沙障的功能已经减弱，如再不采取措施，障间的沙粒可能发生蚀积；同时，此沙埋高度下，人力可较为轻易地拔高沙障而不必借助于机械作业。

3. 从沙障破损率与输沙率的关系分析防护体系改造与更新的必要性

沙障的损坏程度可用破损率表示，即破损沙障面积（长度）占沙障总面积（长度）的百分比。根据其破损程度可分为轻度破损、中度破损、重度破损和极度破损。沙障破损后，其防风阻沙功能下降。

为研究沙障破损率与防风固沙效益的关系，在穿沙公路格状沙障和高立式沙障防护体系内部，通过人为拆除沙障，形成各种破损率，然后在同一条件下，利用多点自动风速记录仪和积沙仪分别记录风速的变化和积沙量的变化。以不同风速对应的输沙率作图。尽管沙障的破损率不同，但风速与输沙量的关系均呈幂函数形式，即输沙量与风速的指数成正比，风速不同，幂指数大小也不同。对于不同破损率的沙障，其输沙量的变化极大。当沙障破损率由 20% 增加至 40% 时，输沙量也相应提高了 1.2 ~ 9.5 倍，平均为 2.4 倍；当沙障破损率达到 60% 时，输沙量为 20% 破损率的 8 ~ 77 倍，平均为

26.5 倍；当沙障破损率增加至 80% 时，沙面很少有障碍物存在，输沙量为 20% 破损率下的 20.2 ~ 600 倍，平均为 103.8 倍。再从风速变化看，当旷野风速接近同一地段不同破损率的沙障时，风速降低百分比也不相同，以 80% 沙障破损率的风速为 100%，则 60% 破损率、40% 破损率和 20% 破损率的沙障风速分别降低了 6.24% ~ 11.11%、13.18% ~ 24.86% 和 23.87% ~ 34.68%。

从风速降低百分比、输沙量变化情况分析，当沙障破损率达到 40% ~ 60% 时，风速降低百分率与输沙量均发生了质的变化，主要表现在风速降低值显著减小，输沙量明显增加。可以认为此时沙障已经失去或基本失去防护效益。因此沙障破损率在达到 40% 时必须进行维护。为避免局部破损而危及整个防护体系情况的出现和保障沙障功能的正常发挥，建议在沙障破损率达到 40% 以前就应该进行维护，40% 时必须维护，60% 时就要考虑体系的更新问题。如此才能保障公路的畅通，还能降低维护强度和规模。

4. 破损沙障的残留效益与防护体系改造、更新的关系

工程防沙体系投入使用后因大大抑制了风蚀沙埋的危害，有利于植物的定居。因而，工程防沙体系建立后，不仅发挥其本身的防护效益，而且还会因防护区域内植被的恢复而增加一部分效益。但工程防沙体系运行一段时间后，也会因风蚀、沙埋而发生破损，从而使其效益发生衰减，只有残留部分发挥功能，如若残留功能已经不足以控制沙害，就要对防沙体系进行维护，但维护的规模是一个关键问题。若维护规模大，不但会造成防沙功能的浪费，还会造成材料、人力、财力的浪费；若维护规模小，则会因为防护功能达不到要求而影响到公路的安全。为科学合理地对防沙体系进行维护，就需要对工程防沙体系的各部分效益进行详细的分析。

第二节　植物防沙体系维护技术

一、植物防沙体系维护应遵循的基本原理

(一) 植物群落演替原理

植物群落是一个动态系统，它是不断变化的，在一定历史时期内，随

着群落内部环境的变化，一种类型的群落逐步被另一种类型的植物群落自然取代，这一过程就是演替。植物群落在自身的发展过程中，不断地改造着自己的生存环境，在这一过程中常常会产生一些对其他物种侵入、生存和发展有利的因素，这就为后来物种的替代创造了条件。经过种群之间长时间的竞争排斥作用，就会发生群落的演替；同时外界环境本身也在不断变化，气候的干旱化、土壤的退化、地下水位的逐步抬升或下降和风沙危害的加剧或减轻等，这些外界环境的变化常使适应原有生境的物种生存能力下降，而适应新环境的物种则逐步取代原有物种，从而发生群落的演替。

植物群落演替理论对荒漠化地区穿沙公路植被建设具有重要的指导意义。在植被演替的某一阶段引进新物种进行植被改良时，应充分考虑到当时的生态环境和植物种的适应性。同时植物群落的演替是一种自然现象，它有利于植被的发展和稳定。在一些人工植被处于演替的过渡阶段时，原有的优势种可能会出现衰亡的现象。而新的优势种可能尚未形成，使群落出现暂时的退化，这是很正常的，没必要采取措施进行挽救或更新优势种，此时应尽量减少扰动，使其自然发展。另外通过改变局部的生态环境，可以促进新的植物种的侵入和群落的演替，甚至可能跨越群落演替的某一阶段，使群落和环境迅速改变。如在流动沙丘上播种小叶锦鸡儿、山竹子等灌木，由于风沙危害很难成活，但结合使用草方格沙障后，就会使小环境发生变化，植物能顺利生长，而且先锋植物也可以侵入。由于人为的正干扰，可以使流动沙丘上植物群落的演替直接在木本植物阶段上开始，而不经历草本植物群落阶段，从而加速了植物群落发展的进程。

(二) 限制性生态因子原理

当生态因子 (一个或相关的几个) 接近或超过某种生物的耐受极限而阻止其生存、生长、繁殖、扩散或分布时，这些因子就是限制性因子。限制性因子的概念强调各种生态因子的相互关系，各种生态因子是共同对生物产生影响，即生态因子的综合性。在进行生态因子分析时不能只片面地注意到某一个生态因子，而忽略其他因子，但生态因子的作用也有主次之分。在一个特定区域内，物种长期生活在一个稳定环境中，生物对周围环境一般都已经适应，正常情况下所处的生态因子不会限制其生存和繁衍。只有当环境发生剧烈变化或一些有机体迁入新的环境中，一些生态因子才有可能成为限制性生态因子。在科尔沁沙地绝大多数原生植被和土壤层均遭到破坏，土地沙漠化十分严重，这时降水不足和年变率大、土壤基质不稳、沙性土壤的肥力瘠薄以及风沙流活动强烈就成为当地植被恢复与重建的限制性因子。这些因子也是在严重沙漠化土地上大多数植物种不能生存的原因。限制性生态因子理论表明，在治理风沙环境的过程中，从外地引进的植物种一定要适应当地的生态条件，否则不易成功。当致力于改造环境，为植物提供良好的生长条件时，首先一定要搞清楚哪些是限制性因子，只有针对性地采取措施，才能达到预期的目的。

(三) 生物多样性和稳定性原理

群落的多样性与稳定性是密切相关的，一般来说物种多样性高的群落更稳定。因为物种多样性高意味着生物组成种类繁多而均衡，食物网纵横交织，从而保证系统具有很强的自组织能力，群落对于外界环境的变化干扰或来自群落内部种群的波动具有较强的抵抗或调节能力，从而使群落具有较强的稳定性。在乌金公路人工植被修复时，就充分考虑了群落的多样性和稳定性，强调乔－灌－草、网－带－片、多林种和多树种相结合的原则，形成多样的植被类型和复杂的植物群落，以保证植被建设的效果和群落的稳定性。研究证明，多物种组合和合理配置具有如下优势：草、灌、乔多物种组合和合理配置可以形成立体防护体系，增加防护范围和防护效果；在群落的演替过程中，对维持植被的平稳演替，防止产生大的波动具有重要作用；对防止病虫的危害和蔓延，自然控制其发生发展具有明显作用；在风沙、干旱等自然灾害发生时，能显著降低自然灾害的危害程度。

(四) 物种共生与生态位原理

在特定的生态区域内，自然资源的总量是相对恒定的，在进行植被建设时，要考虑如何通过生物种群的匹配，利用生物对环境的影响，使有限的资源得到合理利用，这是提高人工生态系统功能的关键。在引种的时候，要充分了解原引种地的自然条件和所引进植物种的生物学特性，不要引进当地不符合其生态位要求的植物种。在进行植被恢复与重建过程中应因地制宜地选用不同的植物种，只有当植物种种植在适宜生态位的生境中才能生长得得好。在进行不同植物种组成时，也要充分考虑到植物种间的生态位是否重叠，不要把生态位重叠很多的物种配置在一起，否则容易引起植被的波动。植株的密度要合适，因为在某一地点环境资源的数量是有限的，密度过大势必造成资源不足，竞争加剧，导致植物生长不良。

(五) 风沙物理学原理

沙粒是风沙流形成和运动的物质基础，风是风沙流形成和运动的自然动力。当达到一定风速（5m/s，地面以上2m高度处）的风作用于裸露的沙地表面时，就会引起风蚀和风沙流运动。大范围的土壤和风沙流活动，就会造成土地沙漠化和风沙环境的发展，也会造成严重的公路沙害。

风沙物理学的原理表明，增加地表覆盖，提高地面粗糙度，不仅可以有效地降低风速，减少土壤风蚀，而且可以阻止风沙流的运动，减轻风沙流的危害。在风沙环境治理中建立人工植被时，设置各种沙障或高茬刈割等措施，其主要作用就是降低风速，减轻风对地面的直接作用或阻止风沙流的活动，固沙阻沙，防止风沙流活动的危害，为植物的生长创造条件。

二、防沙体系更新改造途径和建设方向

科尔沁沙地属于典型的半干旱气候区。早期一系列研究都倾向于典型草原沙地上植被演替顶极为榆树疏林草原，因此有些学者认为应将疏林草原作为本地区人工植被建设的方向。这种观点是根据传统生态学和经典的演替理论而得出的。在没有人为干扰的情况下，这种顶级状态是能够达到的，只是需要漫长的时间。但在人工植被建设过程中，各种干扰因素客观存在，因此如果没有人工促进措施，在植被极度退化地区，将植被恢复到与原生植被完全一样的类型是很难做到的。根据对生态恢复的理解，在实际工作中，不应把退化系统完全恢复到原生系统作为唯一目标。应根据具体情况如植被退化的程度、特点、目前的经济和技术承受能力等来确定植被恢复的目标和发展方向，并及时进行人工调控。在科尔沁沙地植被退化程度较轻、榆树疏林景观尚存、原生植被和表土层保存尚好的地段，可以通过减轻人为负干扰和增强人为正干扰的一些有效措施如围栏封育和适时人工补播原生物种等，充分

利用植被自我修复能力，使植被演替朝正方向发展，在一定时间和经济技术能力的保证下，可以使植被的结构和功能逐渐接近于原生植被。在退化程度较重、原生植被消失殆尽，甚至是变成不毛之地的流动沙丘等地段，植被恢复的方向，不能按照原生植被顶极群落的结构和组成来设计，因为土壤已经发生了质的变化，阻碍或中断了植被向顶极群落发展的过程。本地区人工植被建设的方向和目标应该是根据具体地形地貌、土壤特点和残存植被特征，以改善生态环境和提高土地生产力为目标，选择生态防护和经济价值高的植物种类，组建结构不同、功能各异的人工植被。应形成结构不同于原生植被，但功能优于原生植被的人工植被体系，形成新的高效、和谐、稳定的人工—自然生态系统，这应该是本地区退化生态系统植被恢复和重建的主要目标。

三、植物防沙体系维护技术研究

(一) 封育试验及其效果

通过封育，一方面使现有植被免受牲畜啃食，保护现存的各种防护设施，另一方面由于本地区降水条件相对较好（400~500mm），而且雨热同季，对植被自然恢复极为有利。封育期间，禁止采伐、砍柴、放牧、割草和其他一切不利于目的树种或目的植物生长繁育的人为活动，采用围栏封育等措施，沿封育地块周边用网围栏、刺线围栏、生物围栏等人工措施阻挡人畜破坏，以达到封禁的目的。

1. 围栏封育对土壤理化性质的影响

在 456~459km 路段内，半固定沙丘经过围封后，0~30cm 土层内物理性沙粒含量减少，而物理性黏粒增加，土壤 0~1cm 的这种变化更显著。在过度放牧情况下，牲畜成年累月践踏草场，使土壤理化性质逐渐恶化。低缓沙地和盐碱地草场围封后，在土壤表层 0~10cm 容重降低，孔隙度增加，土壤通透状况得到一定改善。

沙丘围封后，土壤化学性质也随之发生变化。沙地围封后，人类活动干扰减弱，植被恢复较快。随着植被盖度的增加，生物对于土壤环境的作用加强，沙丘表面逐渐固定，并且形成结皮。土壤结皮随着围封时间的延长而逐渐增厚。土壤结皮中的有机质、全 N 和 P 均显著增加。

2. 围栏封育条件下植被的自然恢复

退化程度相对较轻的沙地植被在经过短期封育后，可以很快恢复，其原因一是科尔沁沙地降水尽管很少但主要集中在生长季，对植物的生长和繁殖有利；二是沙地土壤比较疏松，透气性强，如果有适量的降水对植物侵入定居非常有利；三是沙地许多植物如小叶锦鸡儿、差巴嘎蒿、白草等可进行萌蘖繁殖或根茎繁殖，具有繁殖能力强、恢复快的特点，而草本层又以一年生植物为主，这些种类在环境条件有所改善和遇到休养生息的机会，就会适时迅速恢复。短期围封可以使植被盖度、物种密度、平均高度、产草量和土壤草根含量大幅度增加。多年生禾草和豆科牧草产量所占比例增加，而杂类草产量所占比例降低，说明草地质量有了明显的改善。可见围栏封育是保护和恢复草地植被最经济最有效的方法之一。

对 304 线公路两侧进行封沙育林育草时，首先应采取保护措施（如设置围栏等），把一定面积的沙地封禁起来，严禁人畜进入活动。封育的面积与地点的选择既考虑了代表性和类型的多样性，也考虑了封育效果的时效性。研究结果证明，封育区只要有植物生长的条件，有种子传播、残存植株、幼苗、萌芽、根菜植物的存在就可以获得成功。在植被遭到大面积破坏，或存在植物生长条件，附近有种子传播的沙化地区，都可以考虑采取封育恢复植被的措施以改善生态环境。封育不仅可以固定部分流动沙地，还可以恢复大面积因植被破坏而衰退的林草地，尤其是因过牧而沙化退化的草地。

（二）现有防沙林改造完善试验研究

304 线植物防沙体系维护试验包括沙漠化地区天然植被的抚育和更新利用、乔灌草人工植被恢复、巩固和扩大沙漠化地区植被覆盖度三个方面内容。其中，植物固沙造林是公路防沙体系的核心。科尔沁沙地自然条件复杂严酷，光热充足固然有利于林木生长发育，而干旱缺水、风蚀沙埋、土壤瘠薄和盐碱较重等又是不利于林木生长发育的限制因素。因此，造林治沙的问题多、难度大。沙地植被恢复采用常规的造林技术措施，往往成活率、保存率都很低甚至早期衰败死亡，达不到预期目的。目前出现大量林间空地，影响植物防沙体系的防护效应。同时，由于林分几乎全部为人工纯林，林内种类单一，层次简单，也没有发挥出最大的防风固沙效益。为此，在开展防沙体系维护工作中，重点对林间空地进行补植，对人工纯林进行诱导，使之成为混交林，以增加稳定性。在樟子松林、油松林内空地主要补植柠条、山杏、胡枝子和杨树等。在杨树林间空地内主要补植樟子松、沙棘、紫穗槐、胡枝子、沙枣等，尽可能使之成为混交林。

　　1. 立地条件分析与补植树种选择

　　树种的选择是关系到植物固沙工程成败的关键环节。人工固沙植物种类的选择应以固沙植物对环境的适应性为依据。树种选择要遵循适地适树的原则，即按照立地类型选择适宜的树种。试验示范区位于温带半干旱地区，具有较充足的光照和热量条件，但制约造林成败的关键因子是水分条件。一般来说，水分条件有三个来源：天然降水、地表径流和地下水。本地区由于无大的地形影响，天然降水可视为基本一致，而沙区几乎无地表径流，即无地表水 (河流、湖泊等) 可资利用，因此，有无地下水的补给便成为不同立地条件类型水分状况的主要差异。此外，土壤类型与植被生长状况也在一定程度上影响水分的供给。上述条件集中表现在地下水埋深、地貌类型与土壤类型上。据此，将本地区的造林立地条件分成三大类，即受地下水影响类型、不受地下水影响的类型和过渡类型。以下按地貌特点分成七个基本类型，即受地下水影响 (地下水位 1m 左右) 的丘间低地和草甸草地，不受地下水影响 (地下水位 ≥ 2.0m) 的流动沙丘、半固定沙丘、固定沙丘和石质残丘，过渡类型 (地下水位在 1.3 ~ 2.0m) 主要为沼地。

　　依据立地条件，总的造林原则是：不受地下水影响类型，以乡土树种沙地灌木为主；受地下水影响类型有较宽的选择余地，尤其是无盐渍化的草甸土，乡土树种杨、柳、榆和各类杂交杨以及部分速生的欧美杨类均可获得较好的生长效果；乡土树种、小钻类杂交杨、樟子松和云杉等适宜于过渡类型的沼地，但都必须在严格而高标准的整地方式下才有成活乃至正常生长的可能。

　　2. 公路防沙体系的总体设计

　　在本地区建设综合防护林体系的主要任务就是防风固沙，控制沙漠化的发展，确保公路畅通。在原有期间工作的基础上，对原有防护林体系进行进一步的完善，除了进行大面积补植外，在完善主林带的基础上新增加多条副林带，使林网的防护性能得到大幅度提高。经过几年的建设，在试验区建成由防风固沙林、阻沙林带、护路林等组成的大型综合防护林体系，形成切断沙源、阻止沙侵、防风固沙三条防线，有力地确保了公路的安全。

防风固沙林主要设于公路西侧100m以外的流动、半流动沙地，采用围栏封育、设置机械沙障结合播种固沙植物的方法予以固定。植物以灌木半灌木为主，主要有差巴嘎蒿、山竹岩黄芪、小叶锦鸡儿等。防风阻沙林带设于公路西部流动半流动沙丘与风蚀沙地交接地带，主要起切断沙源、阻止沙侵的作用。地类为平坦沙沼地或沙化草甸，土壤以生草沙土为主。主要树种为小成黑杨、旱柳、少先队杨、小叶锦鸡儿、白柠条、沙棘、樟子松、紫穗槐等。株行距采用2m×2m、2m×4m。林带结构类型有乔木纯林紧密结构，乔、灌、草混交疏透结构型。

护路林设置距两侧路肩各6m，乔灌混交型配制，部分地段形成针阔混交结构。设置乔木4行，灌木2行，株行距为2m×2m。造林树种以少先队杨、小成黑杨、樟子松、旱柳、沙棘为主，采用挖沟排水起台（甸子地）和穿透碱层穴状整地造林技术。

对试验示范区的土壤调查结果表明，沙土和盐渍化土壤是本区的主要土壤类型。从造林角度考虑，这两类土壤的理化性质均不利于树木的成活与生长。本区的沙土以中、细沙为主，其凋萎含水量为1.5%～2.0%，田间持水量为5.5%，有效含水量仅为3%～4%，属于低溶水沙土。不仅持水量低，而且持水时间也很短，充足灌水后，通常在一昼夜后其含水量就减少一半。盐渍化土壤，特别是苏打盐土和强度碱化草甸土不仅富含盐分、碱化度过高，而且往往接近地表处有深度达20～30cm的坚硬板结层，群众称为"碱隔层"，严重影响土壤水分的运动和树木根系的生长。以往的造林实践表明，对于本区上述两类土壤只有采取特殊的整地方式和造林方法，改善水分和养分状况，才有可能使沙土（主要是生草沙土）造林和盐渍化土壤造林获得成功。在营造各种类型防护林时应用了开沟整地、穿透碱层深穴整地与挖沟排水起台整地方式，造林均获得了较高的成活率和保存率。各种整地造林配套技术如下。

（1）开沟整地开沟造林是干旱与半干旱地区一种成功的造林方式。本试验区为适宜沼地的生草沙土与一般盐渍化土壤。开沟可用人工或开沟机进行。人工开沟的规格是深40cm左右，上口宽60～100cm，底宽40～50cm，植苗于沟内，深30~50cm，沟深与植深由地下水深度与沙土毛管上升水（一般为60~70cm）所决定。

（2）挖沟排水起台与穿透碱层深穴整地这两种整地方式是针对本地区地下水位浅的盐渍化土壤的。挖沟排水起台整地一般在地下水位1m左右的盐渍化土壤挖深1m，上口宽1~2m，底宽0.5~0.7m的排水沟，两侧翻耕起台上宽2~3m，底宽3~5m，高出地面0.5~0.7m，植树1~3行于台面。穿透碱层深穴整地属于局部整地方式，穴深通常以穿透"碱隔层"为准，一般穴深60~100cm，上口宽80~100cm，采用大苗植于湿沙层中并回填湿沙。

本地区的造林实践表明，对于盐渍化较重的土壤只有采取挖沟起台整地方式造林才有成功的可能，穿透碱层深穴整地适宜盐渍化程度较轻的土壤类型。

（三）补植后防护林体系的防护效益

经过补植后，防护林层次结构更加复杂，产生的防护效应更加明显，林内及林缘附近，由于林木的作用，小气候效应明显，对温度、湿度、蒸发等气象因子有调解作用，同时有效地减弱了风速，净化了空气。林分降低风速的作用，在春季大风时尤为明显。

（四）重新设置机械沙障，补播灌草植物

1. 设置机械沙障

机械沙障是工程治沙的主要措施之一，在防治流动、半流动沙丘中发挥着极其重要的作用，而且是植物措施无法替代的。在304线公路所穿行的科尔沁沙地南部地区，有一部分路段两侧的流动、半流动沙丘比较活跃，受气候干旱和风的影响，沙丘表面植物的生长受到限制。在这些局部地区很难利用植物固沙，要防止沙丘移动，阻拦沙粒前进，保护本地区公路安全运行，只有采取机械沙障这类工程才能实现。

机械沙障主要采用乔灌木枝条、作物秸秆、稻草、黏土及卵石等材料，在沙丘表面上设置成各种形式的障蔽物，以此控制风沙流动的方向、速度、结构，改变蚀积状况，达到防风阻沙、改变风的作用力及地貌状况等目的。

根据304线公路所在沙漠地区的实际情况，机械沙障采取了平铺式和直

立式两种类型。平铺式沙障可采用稻草、麦秸等材料，全面铺设或带状铺设埋压沙丘表面，铺设规格为 1.0m×1.0m 的方格沙障防护效果最佳；直立式沙障可采用乔、灌木枝条等来施工操作，在风沙较强的地段，将沙障地上部分高度设置在 50～100cm 之间，形成高立式沙障；在局部风沙较弱，流沙面积较小的地段，将沙障地上高度设置在 20～50cm 之间，形成低立式沙障。

2. 补播灌草植被

在各种沙障尤其是草方格沙障的保护下，补播固沙植物对公路两侧存在的流动半流动沙丘和风蚀缺口可以快速固定。本试验研究主要在草方格沙障内播种小叶锦鸡儿、差巴嘎蒿、山竹子、沙打旺等固沙植物。一般经过 5 年时间可使流动沙丘表面得到固定。同时在地上部分可积累较高的生物量，明显改善沙面微环境为其他植物种的侵入与生长创造了有利的条件。

（1）补播固沙植物对风速、输沙量的影响。人工植物群落的结构、密度、混生方式、行向、株行距等都受到严格控制，因此植物群落能有效地降低风速。如果把补播前半流动沙丘上的风速 50cm 和 200cm 高处看成 100%，其余三个类型人工植被的风速发生了显著的变化。以 50cm 高处为例，补播差巴嘎蒿 2 年后固沙群落是 62.9%，补播小叶锦鸡儿 3 年后固沙群落是 49.7%，5 年生小叶锦鸡儿群落为 48.4%。这就是说补播固沙植物后，明显地削弱了近地层气流的流速，保护沙丘免受风蚀，由此可以看出人工植被在抗风蚀固定沙面中所具有的重要作用。

风沙流的形成是两种不同密度的物质-空气和沙粒相互作用的结果。当气流沿着疏松的沙质地表运动时，由于流速的差异使沙粒以跳跃、悬移等方式进入空气中，形成风沙流。下垫面性质和风速的大小是影响风沙流结构的主要因素。在通常情况下，风沙流总量的 90% 左右低于 30cm，并且沙量的相对值随高度的增加而减少。在流动沙丘上建立植被后，可有效降低沙丘的流动性。2 年生差巴嘎蒿群落使沙丘由流动变为半流动、3 年生小叶锦鸡儿群落可使流动沙丘变为半固定状态，5 年左右沙丘就完全被固定了。不同类型的固沙群落由于植被盖度、群落组成结构、地表风速以及下垫面都发生了很大变化，使各个阶段风沙流结构也存在显著的差异。

随着人工植被的发育和下垫面的改变，造成风沙流结构的差异。多次观测表明，在枯叶期，流动沙地、半流动沙地（2 年生差巴嘎蒿）及半固定沙

地 (3 年小叶锦鸡儿) 的风沙流结构均比较正常，即随距地面高度的增加，沙量相对值下降；只有固定沙地 (5 年生小叶锦鸡儿) 相反，出现了倒结构现象。随着沙丘的逐渐固定，风沙流的搬运量很小，绝对沙量极少，但各层次的沙量相对值在 20cm 高度范围内却是随高度增加而变大。尽管科尔沁沙地东部地区 4 月下旬不那么寒冷，植物已开始萌动，但新萌芽还不能有效地阻止沙粒运动，起保护作用的是上一年尚未被牲畜啃食的植物残枝余叶。各粒级沙粒随高度的分布及沙丘固定程度而出现差异。尽管不同类型植被风沙流中小于 0.1mm 的粉细粒都有随着高度增加而增大的趋势，而增加最明显的是 5 年生小叶锦鸡儿群落，小于 0.1mm 的粉细粒占风沙流总量的 71.3%，流动沙丘只有 6.8%。1 ~ 0.5mm 的粗沙，存在于固定沙地、半固定沙地和半流动沙地的近地表层，但在风沙流中很少出现，而流动沙丘粗沙在风沙流中飞扬的高度可达 10cm。中细沙在风沙流结构中的分布状况是随沙地的流动程度而变化的，沙地越趋向固定，中细沙的含量越低，在垂直分布上则随着高度的增加而增加。

近地层气流因受到地面摩擦阻力而降低流速。在接近地表的某一高度风速等于零，这一高度是粗糙度。地面物质的性质和分布制约了摩擦阻力的大小，控制了粗糙度的变化。在本地区影响粗糙度的主导因子是植被，尤其是植被的盖度和植被的结构。观测表明，植物的生长状况影响粗糙度的变化。春夏季节流动沙丘无植被，粗糙度很小、只有 0.003mm，到了秋季，在流动沙丘上生长疏密度不等的沙蓬等一年生植物，盖度可达 10% 左右，粗糙度也随之变化为 19mm。沙丘固定后，雨季植物生长良好，枝叶茂密，降低风速明显，粗糙度出现最大值 235.6mm。粗糙度的变化反映了沙地植被的生长状况，也反映了植被的防沙阻沙能力。当然，粗糙度是一个十分复杂的因素，影响因子很多，有待于进一步探讨。

（2）人工播种区土壤理化性质的变化。流动沙丘固定后，土壤机械组成逐渐变化。随着人工植被的发育和沙丘固定时间的延长，土壤中粗沙粒（≥ 0.1mm）含量有逐渐减小的趋势，而粉粒和黏粒（< 0.1mm）所占比例呈现相反的趋势。在土壤表层这种趋势更加明显。土壤机械组成的变化是由于流动沙丘上建立人工植被后，沙面小环境得到改善，粉沙被风吹走的程度减弱。同时由于在固沙区内风速降低，植被盖度较大，使大量的风积物质沉降

在土壤表层，于是粉沙和物理性黏粒有了一定程度的增加，粗粒所占比重相对减少。而土壤下层虽然不受风的影响，但由于土壤表层堆积的风积物质经过大气降水的渗透和植物本身地下部分的参与作用，使土壤中粗沙、粉沙和物理性黏粒也发生了一定的变化。另外，土壤机械组成还受植物根际生物及化学作用的影响，不过这种作用是十分缓慢的。可见人工植被建立后，土壤机械组成的变化是由多种因素决定的，但与人工植被减弱风速后风积物质的堆积有直接关系。不同人工植被类型及不同发育年限对土壤机械组成的影响有所不同。整体来看，胡枝子、山竹子等人工植被对增加土壤中粉沙和物理性黏粒的作用较大。

流动沙丘经植物固定后各层土壤的孔隙度变化规律与容重的变化规律相反。非毛管孔隙度和毛管孔隙度均随着人工植被的建立和不断发育而不断增加。不同植被类型增加的幅度不同，其中人工樟子松林对土壤孔隙度影响最大。

随着人工植被的建立和植物个体的不断生长，沙地水分状况逐渐恶化，并且随植被发育年龄的增加而加剧。流动沙丘质地松散、毛管作用微弱，表面有一层疏松的干沙，可以防止沙层水分的物理蒸发，同时由于植物非常稀疏，蒸腾耗水也少，储存在沙层的水分得以保持，水分条件相对较好。人工植物群落中随着植物个体数和生物量的增加，植物蒸腾耗水量急剧增加，大量消耗土壤水分，而在沙丘上得不到地下水的补给。所以在干旱年份往往会造成土壤和植株体内水分严重亏缺，出现较深的干沙层。在流动沙丘上种植小叶锦鸡儿和差巴嘎蒿后土壤水分状况逐渐恶化。不同人工植被类型由于植物蒸腾强度和地上生物量的不同，对土壤水分消耗程度也不同。

流动沙丘上建立人工植被后，随着人工植被盖度的增大，风沙流活动减弱，从而使空气中的尘埃及细粒物质逐渐沉积，同时每年有大量的枯枝落叶进入土壤，在水热条件与微生物和动物的作用下，枯枝落叶及植物根系的残留物发生一系列化学变化，地表逐渐形成了灰褐色的结皮层。结皮的形成和土壤理化性质的变化意味着成土作用的加强，同时这一变化也为沙地植被向更高阶段的演变创造了条件，下层天然植被也逐渐发育起来，地上现存生物量逐渐增加，植被对土壤的生物改造作用逐渐增强。经过腐殖质化过程，在土体中这些有机质中的一部分最终形成土壤腐殖质，使土壤有机质、全N

含量等提高，土壤的养分状况得到改善。不同植被类型对土壤养分的积累作用有所不同，但随着改造时间的延长，这种改造作用一般逐渐提高。

综上所述，在流动沙丘上建立人工植被后，环境逐渐向稳定方向发展。在这个过程中，风速降低，沙面上有大量枯落物堆积，降落在林内的尘埃增多，使沙土表层容重变小，孔隙度增大，并使沙地养分条件有所改善。小叶锦鸡儿在生长过程中不但没有消耗沙土中极为有限的土壤养分，却使有机质，N 和 P 的含量有所增加。同时人工植被使土壤持水能力有所提高，这对于干旱少雨的科尔沁沙地具有重要的意义。

（3）人工补播区植被物种消长规律与多样性。由于流动沙丘上自然条件十分恶劣，在人工植被建立初期只能适合先锋性沙生植物的生长（以沙蓬占绝对优势），其他物种在流动沙丘上很难生存。小叶锦鸡儿种子萌发后，当年地上部分高度可达 10～15cm，2～3 年就可长到 20～35cm，地下部分生长更为迅速。其能有效地削弱风速和抑制沙粒移动，使沙面微环境得到改善，疏松的沙土和相对稳定的沙面给植物的侵入和生长创造了条件。随着小叶锦鸡儿枝叶和根系的生长，一般经过 4～5 年后，沙面基本固定，人工植物群落环境开始形成。此时侵入的植物种类开始增加，植被盖度和物种个体数增加，多年生的植物种类逐渐开始侵入。

从各处理区的植物种类看，这一地区的植物种类组成较为简单，且多为菊科、藜科和一年生草本植物，其中除草木樨、差不嘎蒿、小叶锦鸡儿是人工种植的外，其余都是乡土种。从植物种类和数量来看，流动沙丘上的种类数量明显少于其他处理的。这主要是由于流沙地表无植被，缺少可以阻挡植物种子的物体，而在其表面铺设了玉米秸秆和小麦秸秆以及栽植了差巴嘎蒿以后，为植物种子的停留提供了立足之地，所以其他处理的植物种类数量显著多于流动沙丘。同时，不同植物也有着不同的生长发育特性和适应微地域环境的能力，如沙蓬集中分布在流动沙丘，而五星蒿、狗尾草、马塘和三芒草则随沙丘向固定方向的转化有逐渐占据优势的趋势。因试验时间较短这里只能以趋势描述，相信随着调查的延续，这种趋势会更加明显，并可用数量指标予以阐述。

群落的多样性是反映群落发育水平功能的重要指标之一，在一定程度上也可以反映沙丘固定过程或活化过程植被变化的指标。各处理区植物多样性差异显著，各处理区的多样性指数还有随处理时间的延长而增加的趋势。

3. 病虫害防治

病虫害防治是一项重要的抚育工作，因为忽视病虫害防治而导致防沙体系受到破坏的例子很多。做好病虫害防治工作对于促进植物的生长和保持防沙体系结构的稳定有重要意义。

据公路沙害调查组的汇报，公路防沙体系病虫害的发生有一定的规律性：在类型上，病虫害的发生与植物种有关，如沙枣木虱出现在沙枣树上，锈病主要出现在杨树、柳树上，白粉病主要出现在梭梭等植物上。蚜虫则属于广域性害虫，可以出现在很多种植物上，在防沙体系中，以羊柴、花棒、柳属植物最易发生。在时间上，病虫害的发生也有一定的规律性：一是有大小年之分，病虫害暴发的年份是大年，成灾的年份往往不是连续出现而是有间隔地出现，如蝗虫，大年每平方米可达 400 只，小年 10～20 只；松毛虫，大年成灾，小年则很少能见到幼虫。二是有季节性，如蝗虫，春末夏初孵化，中夏成灾，蚜虫夏秋成灾；天幕毛虫，春季成灾。三是在地域上，病虫害发生也有一定的范围，如草原区以鼠、兔及虫害为主，荒漠区锈病、白粉病多见；林带中腐烂病多见，苗圃中立枯病、猝倒病常发。掌握了这些规律，对病虫害的预防有重要意义。

病虫害的防治方法有：选择抗病虫害能力强的树种；营造混交林，特别是在对防沙林进行改造和修复的时候，尽量不要补植同样的树种和易受病虫危害的植物种；及时灭杀，要把病虫害消灭在发生初期，不能等到已经成灾再采取措施，面积较大时可用飞机灭虫。当然，最好的办法是建立良好的生态系统，依靠系统的自我调节能力控制病虫害的发生程度。但目前还很难做到这一点，所以适当的人为干预还是必要的。干预也要掌握一个"度"的问题，如用药量和药品种类的选择，以能杀灭害虫又不能大量杀灭天敌为标准。病虫害的发生并不一定会成灾，是否采取措施也要根据具体情况而定。

4. 抚育管理

抚育管理在植物防沙体系的维护中具有重要意义。抚育可以提高成活率，促进植物的生长，改善植物生长发育的环境和防沙体系的内部结构，调节风沙流风蚀堆积的部位，减轻公路沙害的频次和强度。但是，目前防沙体系抚育管理的现状不容乐观，很多地方存在造林有钱管护没钱，造林大会战，管护人不见的现象。实际上，在防沙体系建设中，抚育管理比造林种草还重要，有些地方造林不成林、栽树不见树的原因就是抚育管理不到位。其实，刚刚长出的幼苗和刚成活的小树特别需要管护，如荒漠区营造的樟子松林，几天不浇水就会死亡；人工种植的物种，不及时中耕锄草就会被杂草吃掉。对已经破损的防沙体系来说，抚育管理工作更为重要。例如，在破损的防沙体系中补植林木就比其他地方困难，因为林地中的水、肥已经被吸收利用得差不多了，而且新栽的树木往往位于林冠之下，光、热条件都受到限制，不得到特殊的关照难以成活。所以，抚育管理是防沙体系维护的重要内容。三分造、七分管是林业工作的基本原则，在防沙体系维护中，这一点就更显得重要了。

5. 防沙体系结构调整技术

在公路防沙体系维护过程中，应充分重视密度或盖度问题，有些地方在防沙体系建设时没有考虑到植被的发展，初植密度过大。这样必然降低土壤水分和地下水位。而且初植密度过大容易形成紧密结构的防沙体系，紧密结构的防沙体系在初期防沙效果较好，但因为积沙速度过快，过于集中，几年后就会出问题。所以应在植被的发育过程中对植株密度和植被盖度进行适时调控。差巴嘎蒿的植被盖度应控制在30%左右，不宜太高，以减少水分消耗，为后期植物的侵入、生长提供有利条件；小叶锦鸡儿应控制在25%~40%，因为在此盖度下，植株的高度和冠幅可达到最大。樟子松和杨树等乔木在造林初期可以适当增加密度，促进林木及早郁闭，但随着林木的不断生长，应及时进行抚育，随时伐去那些枯立木、风倒木，病、虫严重危害的树木，使林带保持透风结构。

另一种情况是构成防沙体系的植物密度过稀或沙丘上植被盖度过低，不能完全控制沙害，这时就需要进行补植补种。根据多年来的研究与实践，中国东部沙地人工植被在总体上应以灌木和半灌木（尤其是乡土种）为主，乔木为辅。应根据不同的立地类型和退化程度营建不同类型的人工植被。流动半流动沙丘的补植主要以灌木、半灌木为主，结合围栏封育和设置机械沙障来进行。对退化程度较轻的固定沙丘和半固定沙丘应以保护为主，采用围栏封育即可达到快速恢复植被的目的。在低缓起伏沙地（沼地）沙丘下部和地势稍高地下水位较低的丘间低地可以补植乔木片林或林带。补植树种的选择应遵循适地适树这一基本原则，也要考虑树种的经济性状。在地下水位不低于2～4m的丘间低地和低缓起伏沙地上适宜补植樟子松、小黑杨等乔木树种，形成小面积片林或防护林带；在地下水位低于4～5m的沙丘上应补植小叶锦鸡儿、差巴嘎蒿、山竹岩黄芪等沙生植被。沙丘的不同部位选择的植物种类也应不同，在迎风坡应建立差巴嘎蒿或小叶锦鸡儿植被，在背风坡坡脚可以栽植小黄柳，进行杨树埋干造林等；小气候条件较好的地段，可以补植各种类型的经济林，如山杏和各种果树等。各沙地公路绿化工程建设中，树种比较单一，杨树占绝对多数，在今后的维护工作中应增加造林树种，形成多样化的植被类型，增强区域性人工植被的稳定性。

（五）现有公路防沙体系改造途径

总体来看，G304国道和乌金公路植物固沙种类的选择是适宜的。植被出现生长衰退现象是一种正常的演替现象。目前，需要对已经衰退的固沙群落进行更新复壮和人工诱导促进演替进程。

对长势衰退的差巴嘎蒿和山竹岩黄芪群落，可进行平茬复壮，同时要补植小叶锦鸡儿和沙打旺，把它诱导为混交群落。随着小叶锦鸡儿的生长，将逐渐代替差巴嘎蒿和山竹岩黄芪而成为优势种群。这样靠人工诱导的方法可使固沙群落由多年生草本和半灌木阶段逐渐过渡到木本植物阶段，并趋于稳定。在植被衰退严重、对部分沙化较为严重地段，为保证补植效果，可结合工程固沙措施来进行。这类地段补播时，最好把差巴嘎蒿、山竹岩黄芪同小叶锦鸡儿或沙打旺混播。对尚未发生植被大面积衰退的地段，也应及早按照上述原则进行人工诱导，及早平茬和补播。在原有灌木、半灌木的基础上增加多年生草本植被（如沙打旺），在适宜地段增加乔木比例，逐渐使之成为复合结构，增加群落的稳定性，使固沙植被长期发生防护效益。

在榆树疏林景观尚存的地段，要充分重视保护原有的榆树幼苗，在林间空地中主要补植小叶锦鸡儿、东北木蓼、山杏等原生木本植物，以及沙打旺、冰草等，逐渐使之诱导成为榆树疏林草原类型，以提高草地生产力和稳定性。总体来看，小叶锦鸡儿人工固沙植被与其他植被类型相比，表现出了较高的稳定性，应成为公路沿线增加植被盖度和流沙固定的首选树种。榆树也是当地的乡土树种，而且在乌金公路沿线还有大量天然榆树林，说明该植被类型在本地区是最为稳定的。因此，在乌金公路沿线防沙固沙植被，应形成以榆树疏林和小叶锦鸡儿为主体的乔灌草相结合的复合型植被。

（六）维护前后植物防沙体系结构及防沙功能的变化

针对目前乌金公路防沙固沙植被和公路沙害现状，按照上述基本原理和技术措施，对现有公路防护体系进行了综合维护。对条状或片状流沙，采取立式沙障与半隐蔽式沙障结合，播种差巴嘎蒿、山竹子、小叶锦鸡儿，低洼处栽沙棘、杨树或柳树。坡面较长地段，中间用黄柳或杨树枝条做沙障；公路两侧的边坡，采取碎石铺压和铺设防沙网结合播种固沙植物（如小叶锦鸡儿、沙打旺）的方法予以固定；对筑路推土造成的条状沙沟治理的方法以植树、种草为主，沟底栽植沙棘，白柠条、杨树埋干；沙沟边坡播种小叶锦鸡儿、沙打旺等。对靠近路肩的边坡结合铺设碎石、黏土或防沙网，以防止对路基的侵蚀作用。同时重点对公路上风向后备沙源进行了治理，在沙丘前沿设立式沙障，在丘间地栽植乔木（小叶杨埋干），插植黄柳，分割沙丘形成阻沙林带，至路边形成了 2～3 条林带，每条带宽 30～50m。充分利用丘间地较好的水分条件，大量营建乔、灌植被，发挥绿岛效应，以达到阻沙的目的。

对生长衰退的差巴嘎蒿和山竹岩黄芪，以及小黄柳和小叶锦鸡儿灌木林，进行了大面积的平茬处理，平茬后植株生长更加旺盛，达到了预期的目的。同时在差巴嘎蒿、山竹岩黄芪和小黄柳群落内补播了小叶锦鸡儿和沙打旺。在榆树疏林内，补种了榆树幼苗和小叶锦鸡儿、东北木蓼、山杏、沙打旺等。

同时完善了公路两侧的护路林，造林树种以乡土种和在本地区表现良好并已经推广应用的引进种为主。主要包括榆树、小叶锦鸡儿、白柠条、沙棘、沙枣、轻柳、杨树、柳树（河柳、小黄柳）、紫穗槐、槐树等。

通过以上各项建设措施，乌金公路防沙体系结构在维护前后发生了较大的变化。原来大面积退化植被得到更新复壮，群落结构更加复杂，稳定性明显提高。在原来的基础上又增加了一些工程措施，使防沙性能得到恢复。公路沿线大部分植被已被成功地诱导为多物种、多层次、复合型的植物群落类型，防风固沙性能和稳定性得到大幅度提高，公路沙害被根治。

第三节　公路沙害处理技术

一、公路沙害形式

公路沙害主要有沙丘整体前移埋压公路，路面片状、舌状积沙等形式，原因是风沙流遇阻堆积，或沙丘前移的结果。至于发生哪种类型的沙害则主要与公路两侧的沙丘类型、植被盖度、沙丘下伏地貌等多种因素有关。以府深线 K195+200m ~ K195+700m 为例，该路段上风侧沙丘多为高 5m 左右的新月形沙丘和新月形沙丘链。距离公路 10m 之内，下伏地形为平坦的沙质滩地。由于没有设立专门的防沙体系，沙丘由西北向东南方呈整体推进，在路面上形成堆状积沙，最大积沙厚度 4.5m；K214+300m ~ K214+500m 上风侧沙丘高度小于 1m，沙丘密度 0.3 ~ 0.5，植被盖度约 35%，沙丘距离路基约 20m。公路沙害以风沙流上路为主，往往在边坡有草的地段，边坡有冲沟，坡面不整的地段形成片状、舌状积沙。

二、路面积沙对行车的影响

路面积沙对行车的影响有影响车速、中断交通、造成翻车，影响程度与积沙厚度、长度、车辆类型等有关系。在积沙长度超过车身长度，积沙厚度小于 10cm 时，影响车速。积沙厚度在 10 ~ 20cm 时，小型车辆难以通过，大型车辆车速受限，积沙厚度大于 30cm，所有车辆难以通过，强行通过会造成车辆倾覆。

三、二次积沙的防止与输沙断面的构建

沙漠地区公路沙埋归根结底皆为风沙流运动的结果。风沙流是一种贴近地表的气固两相流，当气流的挟沙力大于风沙流中的含沙量时，地面产生风蚀；当气流的挟沙力小于风沙流中的含沙量时，地面堆积。在风沙流到达公路前减少气流中的含沙量或提高风速都可以避免公路积沙，为了在减少积沙的同时不出现边坡风蚀，最好使风沙流保持不蚀不积的状态顺利通过。这种办法前人已经进行过多次理论探讨和小型试验，只要条件合适，还是可以使用的。所以在中长线进行清沙试验时，利用清除出来的积沙修筑了公路输

沙断面。

该输沙断面由浅槽和风力加速堤组成。风力堤位于路基上风向 30m 处,使用清除下来的路面积沙堆积而成。浅槽位于风力堤与公路之间,经人工修筑而成,风力堤顶标高与路肩边缘标高一致,浅槽最深点居中。风力堤迎风侧的坡度不小于 1：4,堤顶为圆弧形;浅槽与公路及风力堤的衔接须平稳圆滑,坡面最深点与弦长之比不小于 1：10。实际操作中,浅槽最深点两侧可以建成不小于 10m 的圆弧。风力堤的作用在于产生足够的气流上升力,使贴近地表层的风沙流借助上升气流保持非堆积搬运状态。浅槽的作用则是为了保持气流的连续性,避免因附面层的分离而产生沙子堆积,并为风沙流创造一个有足够容量的非堆积搬运地带,使风沙流不蚀不积并顺利通过公路。可以说这是一种以大自然之力还治大自然之灾的技术措施。

为了保持输沙断面的稳定性和有效性,用 30% 的固化剂对风力堤迎风坡以及浅槽迎风坡进行了封闭处理。据有关资料,用草皮、砾石加黏土 (体积比为黏土 1 砾石 2) 的混合料效果也很好。

四、清沙与沙害治理综合效益对比

公路沙害防治中选择防治方法时,需要考虑的一个重要问题是投资问题,如清沙或防沙体系修复的选择,从表面看,清沙比修复防沙体系要省钱。从较长时间看,应该是修复防沙体系更合算。为了研究这个问题,以中长线为例,对这一问题进行比较。

根据阿拉善盟月亮湖公路防沙体系建设资料,公路两侧建设长度为 100m 的综合防沙体系最多需要投资 6000 元,可以使用 4～5 年,每年平均 1200～1500 元。如果是对已经建好的防沙体系进行维护,费用约为修建新体系的 1/10,即 120～150 元。如果是清沙,按年积沙量 100m 计算,使用机械清沙需要经费 313 元,人工清沙需要 2398 元。就是说,在几种方法中,以修复沙障最合算,其次是机械清沙,最贵的是人工清沙。但是,如果是多次零星积沙,机械清沙的费用还要上升。所以,修复防沙体系是最好的办法。

五、清沙工作的注意事项

(1) 及时消除造成积沙的条件是清沙工作的基本原则。在公路清沙中,对上风侧路肩和迎风边坡阻沙植被、弃土的清理是一个比较重要的环节，清理适当，可以减少路面积沙；反之，会增加路面积沙。此外，高于路面的路牙石、高出路面的路肩都有利于积沙，对这些问题也要给予适当的注意。

（2）对于路面积沙问题，首先，要立足于防，不能立足于"清"。"清"是在实在防不住情况下的一种应急措施和临时措施，也是一种被动措施。清沙会造成养护工区投资的增加和劳动强度的增大，而且，只要路面出现积沙，就算清理工作做得再及时，也难免会造成交通的中断或其他问题。其次，清除下来的积沙要妥善处理，要防止二次积沙或反向风造成的沙害，万不可随意丢弃。

（3）防止路面积沙要做到：保持防沙体系的完整性，发现破损及时修补；容易积沙的路边不能随意堆土堆石，路肩上的灌木或过密的草本植物要及时清除，路牙石不宜高出路面。

（4）路面出现风蚀，沙埋要及早处理。如果路面出现小型片状积沙不能及时清除，沙堆就会成为风沙流运行的障碍，越聚越大，不但严重影响行车，而且清沙与填补风蚀坑费用将比早期治理的费用高出好几倍。

由于公路积沙往往在一场大风过后集中出现，为了保证及时通车，清沙机械的配置必须留有余地，各工区要根据当地沙害发生规律及历年清沙经验适当修订以上方案。但是，为了避免盲目购置造成的机械闲置和资金浪费，对配置方案必须进行可行性分析论证，还要重视清沙机械技术使用人员的技术培训和考核工作。

在专用清沙机械尚未购置之前，对现有公路养护机械进行改进也可以提高清沙效率，如与阿拉善盟公路机修厂合作，在铁牛55拖拉机的基础上加上加固梁、支撑架、动臂、铲斗、立柱、横梁、拉杆、摇臂、液压系统等部件改装的装载机，整机性能稳定，耐用功力大，不但适宜清沙工作，而且适宜各种散状料的装卸和小型土方的回填作业，达到了"一机多用"的目的。

总的来看，由于公路积沙的类型、程度不同，而且道路结构类型、等级、交通量大小及各地地质和气候条件也有差异，因此，清沙机械配置的基本原理应当是使机械的类型、规格和数量与公路清沙的作业内容、作业量及当地自然条件相适应，并充分考虑机械间的配套性，还应该考虑清沙工艺和设备的发展动态。

第四节　新技术、新材料在公路防沙体系维护中的应用

一、化学固化剂在沙障修复中的应用

可以用于公路沙害防治的新材料有土壤凝结剂、土工编织袋等。土壤凝结剂的使用方法有两种：用凝结剂全面封固沙面；先将沙子堆成沙垄。

起沙垄后粗糙度为全面喷洒的9.12倍，沙垄中形成光滑凹曲面，沙面基本稳定。而全面喷洒的沙面一旦出现破口，很快就会发展成小风蚀穴或风蚀槽，其边缘的结皮不断被掏蚀悬空而被吹毁，形成大的风蚀破口，最后会导致完全失效。即使没有完全破损，破口区也会成为新的沙源，从破口处吹出的沙粒还会在未破损的结皮上扩散，致使风沙流活动加强，产生新的沙害。而且，全面喷洒沙面后不利于雨水的下渗，不利于植物的生长。所以，一般认为全面喷洒土壤凝结剂封固沙面的方式适宜在输沙断面和迎风边坡上使用，不宜在固沙带使用。

沙漠中的鼠、兔、沙蜥、刺猬等小动物都有打洞穴居的生活习性，麦草沙障建成后，小动物的洞口往往成为风蚀作用的突破口，及时封堵洞口对于防止沙障的破损具有重要意义，用固化剂封堵无疑是一个省工、省时、节约开支的好办法。

公路沙害的发生有明显的季节性和爆发性。往往是平时没有沙害发生，一场大风过后路面多处积沙，而且是大风过后时间很短就出现了第二场大风。

沙尘和大风的连续出现给公路养护部门带来繁重的清沙任务。为了避免连续积沙，最好的办法就是迅速控制沙源。但由于受人力、物力等条件的限制，大量调用修筑沙障使用的原材料很困难，这时候使用固化剂喷洒沙面可以马上见效，而且固化剂用量少，不需要动用大型机械，施工方便，应该是一个比较理想的应急方法。但是，这次研究没来得及进行这方面的现场试验，固化剂的成本较高都是需要继续研究的问题。

二、土工编织袋在沙障修复中的应用

将100cm×40cm的粗袋装满沙子立起来摆放或躺倒叠放，就做成了高

立式沙障（叠放时按 60%~70% 装沙，摆 3 层，高度约 100cm）。这种沙障的特点是见效快、原材料丰富、设置技术简单。在库布齐沙漠穿沙公路设立沙障后的当天下午就刮起了东南风，沙障的阻沙效果当时就表现了出来。但是，土工编织袋沙障完全不透风，边缘很快沙埋，底部则出现了风蚀，并迅速向下风方向发展，危及沙障的稳定性。所以沙障外围必须建立阻沙带，而且，阻沙带的高度、透风系数、与沙障之间的距离必须恰当，才能保证沙障中不蚀不积，长期保持稳定。高立式沙障的要求更高，需要在沙障外围设立半隐蔽式的草方格沙障对其进行保护，否则很容易遭受风蚀而倒伏。用土工编织袋新设的沙障，在 8 月风力并不是十分强劲的情况下，一场风后倒伏率达到 40%。但是，土工编织袋重量很小，两个工人背 200 条再带一把铁钎在沙丘间行动很方便，高立式沙障出现破口时被用来堵风口非常方便。特别是在春季沙害集中爆发期，用编织袋对逼近公路的沙丘进行封固，马上可以阻断沙源。待风季过后再在沙丘上扎沙障或种植固沙植物根治沙害，而且编织袋还可以回收重复利用。所以，用土工编织袋维护防沙体系正好发挥了它的特长，避开了它的一些缺点，比大面积设置单一的土工编织袋沙障更合适。在库布齐沙漠穿沙公路紧邻公路的一座沙丘上布置了这种"应急沙障"，效果很好。

三、土工方格沙障在防沙体系修复中的应用

土工方格沙障抗环境不利因子的作用强，可重复使用，而且安装方便，见效快，适合在逼近公路的沙丘上使用。例如，春季沙害集中爆发期养护工人都忙于应付公路清沙，临时调用建设材料修筑沙障有诸多困难。如果使用土工材料，马上就可以控制沙源。待风季过后可以从容不迫地修建防沙体系，而土工材料可以换个地方再用。所以，将土工方格沙障用于防沙体系修复比单纯建设土工方格沙障更合适。

第四章　沙漠公路养护

第一节　沙漠公路养护要点、原则与养护工程分类

一、沙漠公路养护要点

沙漠公路建成投入使用后，由于行驶汽车车轮的频繁作用，自然气候的经常影响，各类动物的践踏撕毁，以及勘测设计、施工中留下的某些缺陷等原因，必然造成公路使用功能和行车服务质量的日益退化降低，甚至中断交通。为了延长沙漠公路的使用周期，保障公路畅通，尽量减少和避免由于病害给公路使用者带来损失，必须本着"预防为主，防治结合"的原则，采取有效工程技术措施，坚持日常养护，及时修复损坏部分，经常保持公路完好、畅通、整洁、美观、行车安全，周期性地进行预防性大、中、小修与保养，逐步改善公路技术状况，提高沙漠公路使用质量和抗灾害能力。其养护要点如下。

（1）采取正确的技术措施，提高养护质量，延长沙漠公路使用年限。

（2）养护工作要全面，既要养护好公路本身，还要养护维修好路外一切设施，绝对不能放弃不管。

（3）养护工作要经常，平时多注意路上或路外一切可能导致公路病害的因素，及时消除隐患。

（4）养护要及时，要掌握养护路段的自然气候规律，加强风期、洪水期的公路养护，路上出现病害，及时排除，若不处理，就会越来越重。

（5）养护的劳动组合要合理，在一个作业区段内，对重大病害路段的养护要集中力量，尽快排除因道路病害造成的阻车现象。

（6）采用机械养护效果很好，所用机械有扫路机、平地机、装载机和推土机等。

二、沙漠公路养护原则

沙漠公路养护工作原则:

(1)以预防为主,防治结合。根据积累的经济技术资料,进行科学分析,注意防范,增强沙漠公路及其设施的耐久性和抗灾害能力。

(2)重视调查研究,针对病害原因采用相应的技术措施。

(3)因地制宜,就地取材,做到经济适用。

(4)尽量采用国内外有关科研成果的推广,使用新技术、新材料,注意科学养路与经济效益相结合。

(5)加强综合治理,保护生态平衡,防止环境污染。

(6)发展并充分使用机械养护公路,减轻劳动强度,保护工人健康。

(7)建立完善的能"覆盖全部、不漏一片"的养护制度,防止养路不养防沙工程倾向。

三、沙漠公路养护分类

沙漠公路养护按其工程规模大小、技术难易程度和病害特征,划分为小修保养、中修、大修和改善四个工程类别。

(1)小修保养:对沙漠公路及附属设施进行预防保养,修补其轻微损坏部分,使之经常保持原设计所要求的完好状态。

(2)中修:对公路及其设施的一般性磨损和局部磨坏,进行定期的修理维护,以恢复到原设计状态。

(3)大修:对公路设施的较大损坏,进行周期综合修理养护,全面恢复到原设计状态。

(4)改善:对公路及其设施分期分段提高技术标准,或通过改善显著提高通行能力的较大工程项目。

以上各类养护工程计划、设计预算、工程质量、施工安全、经济核算、物资供应、价格验收、技术档案等管理工程,应按照交通部公路养护工程管理办法办理。

第二节　沙漠公路病害成因及养护方法

根据调查沙漠公路的主要病害是沙害、水毁、路基不均匀下沉、路基盐胀、路基冻胀、路面翻浆、沥青路面的推移、啃边、裂缝、面层剥落、坑槽，低等级路面的车辙、搓板、坑槽，路侧防沙设施的毁坏散失等。

一、沙害

沙漠地区风沙对公路的危害有两种，即路基风蚀和沙埋。

（1）风蚀、填方路堤的风蚀，主要出现在迎风边坡及路肩边缘部位，挖方路堑的风蚀，在路堑顶地形变化的棱角部位最为严重。据现场观测，一段刚刚完工而尚未进行路侧工程防护的路堤或路堑，碰上一场大风作用之后，其路堤呈奇形怪状、面目全非之样，挖方路堑的背风边坡则出现 1~2 排新月形小沙丘和新月形小沙丘链，而其迎风边坡之上则形成较大面积的坑凹起伏。由此可见路侧防沙设施绝对不能减略的重要程度。所以对沙漠公路风蚀病害的养护，就是维护路基两侧边坡及其以外一定宽度的一切防沙设施的完好性，如有毁坏或不足，应及时以有效材料予以修复，对因风蚀造成的缺陷迅速恢复原状，需要防护的予以防护。

（2）沙埋按积沙形式，可分片状积沙、舌状积沙、堆状积沙三种类型。

①片状积沙。其特点是积沙面积大、范围广，积沙成片相连，这类沙害多分布在以下两种地带。

第一种地带为沙漠区域地表土质比较固定（如砂砾戈壁），但有风沙流频繁活动；由于路堤过高，边坡较陡，主反两向风交替作用时，各自的路基背风边坡都有积沙，其量根据风的频率、强度而定，而积沙最多的为主风向的路基背风边坡一侧，如此若来反向风时，积沙最多的一侧，则成为反向风侧的迎风边坡，松散沙粒经吹刮，即刻上路，从而形成路面的片状积沙；若两向风频繁作用，路面上的积沙情况将愈来愈严重，对这种原因形成的沙埋，在养护上以采用放缓路基边坡为 1:6~1:8，消除边坡积沙沙源，具体做法是用推土机、装载机将路上全部积沙清除到路基两侧边坡，用平地机配合人工修成缓边坡，若填缓边坡土方不够，可从路外借土，整形后将缓边坡用有效材料予以加固，即可消除其沙害。

第二种地带为沙漠公路主体建成后，未设置路侧防沙的路段，或路侧防沙工程大面积破坏，未能及时修补的路段，对这类沙埋的养护，应是先将积于路上的大片积沙，全部清除到主风下风侧路外凹地，整平并予以加固，再次是恢复补齐路侧防沙设施，养护好清除了沙埋病害的路面。

②舌状沙害。这种沙害掩埋地段不长，为数米至数十数米。

养护方法是：对于由于风口造成的积沙，要在其风口设一道或两道一字形或人字形立式侧导栅栏，将风口来沙侧导至地形开阔处，使之成为风沙流通过公路，栅栏高度：露出地面1～1.3m，埋入沙中20cm，在其根部用一排草方格或一道矮沙障予以加固，允许栅栏有20%～25%的孔隙，由于上风侧有障碍物造成的积沙，应迅速将其障碍物清除，若其障碍物为灌丛、树木，应采取既能保留灌丛树木，也能消除沙害的方法，即在灌丛、树木外一定距离设置人字形立式侧导栅栏，减少灌丛，树木前方上路风沙流浓度，就可消除其沙害，由于路堑口斜向风造成的积沙，应采用阻、导沙相结合的方法，即在上风侧50～80m距离处，设立式阻沙栅栏一道，在堑口外20～30m处，设方向向外的立式侧导栅栏，将风沙流导至堑外，或将风沙流导至堑顶，使之进入路堑后利用堑内拉沟风将风沙流吹走，对其已侵入公路的，用有关机械快速予以清除到低凹地摊平，并予以加固。

③堆状积沙。这种沙害的成因是：主风上风侧的立式阻沙栅栏已被毁坏或被流沙埋没，因此其外的新月形沙丘或新月形沙丘链，前移到立式阻栏位置后不是以风沙流形成通过，而仍是以沙丘移动方式通过，并逐渐移到公路。

养护方法是：养护人员要掌握风沙运动规律，加强并坚持风季时沙漠公路的巡逻检查，发现立式阻沙栅栏被埋没时应及时在其上续设栅栏，若被毁坏及时予以恢复；若沙丘已向公路移来，应先在50m外将沙丘予以加固，再加高被埋没的立式栅或恢复已被毁坏的立式栅栏，在此特别说明，设置立式阻沙栅栏，或加高、恢复立式阻沙栅栏，目的在于将移动的新月形沙丘或新月形沙丘链经过立式栅栏后转化成风沙流通过公路，对已上到路面的积沙，尽快予以清除，并恢复路基原有形状，需要加固的予以加固。

二、水毁

沙漠公路的水害情况有以下四种。

（1）自然降水对路面、路肩及边坡冲刷。沙漠地区一般年降水量较少，但大部分为暴雨降落，暴雨下降地面后，由于水量有限，沙地渗漏较快，所以一般不发生大的水害。但对路面、路肩、边坡的冲刷仍然存在，如路线纵坡段，雨水顺着路面与路肩相连处流淌，造成路肩冲刷，最严重时可使大面积路肩冲毁，路面悬空。再如平坡路段，雨水横向流淌，浸入路肩或流过路肩而造成边坡的冲刷破坏，对这类水害的养护是：经常整平路肩，使路面拱度与路肩拱度保持一致，对冲毁的及有冲沟的路肩，边坡尽快填补、压实、整平，这种病害最好的养护为将路面改建成全铺式或设成硬路肩，路基边坡采用50cm×50cm草方格予以加固。

（2）沿河、沿溪路线，水对路基的冲刷破坏。由于沙漠土松散无粘聚性，遇水的纵向冲刷，极易滑塌变位，若遇洪水作用，很快将出现路基各样宽度的从基底到顶的冲刷破坏，严重时会冲断路基，这种水害造成路基毁坏的原因多出现在公路未设防水堤坝的路段或防水堤坝毁坏尚未修复的路段。对这种水害的养护是：在临水一侧坡脚新建、重建或恢复防水毁挡水坝，挡水坝宜用浆砌片（卵）石或水混凝土结构，基础要深，为防止挡水坝不被冲毁，宜每间隔20~30m设一长度为3~5m的其头略向水流下游的挑水坝，对冲刷毁坏的路基，集中力量填筑、压实、整平，路面被损坏的要恢复原状。

（3）通过河流、小溪、季节性流水沟槽的水害。由于沙漠土路基，松散无粘聚性，遇水冲击，极易滑塌，若遇洪水作用，路基冲毁处形成涡流，加速路基滑塌程度，很快将路基冲出大缺口，严重时整个路基被洪水冲断，这样的路基毁坏原因与导水工程不够健全和桥梁涵洞孔径被风沙堵塞未能及时疏通有关。根据新疆塔克拉玛干沙漠南缘G315线调查，许多小桥、涵洞经过一个风季的风沙流作用，其孔径不同程度被风沙堵塞，尤其是其孔径小于1m的涵洞多被风沙灌满。

这类水害路段的养护，首先要修建好坚固的导流坝，将水引到有桥梁、涵洞处通过，再就是经常性地检查疏通桥梁、涵洞孔径内的积沙，若要改建涵洞，其孔径不得小于2m，净高不低于1.5m，如此，路基就显得过高，与路线纵向线形不够协调，但可设坚固性过水路面，对防沙疏水都有利，若为高速公路或专用公路另当别论，对被水冲毁的路基路面，迅速填筑、压实、整平，铺上路面。

（4）水浪对风积沙路基的危害，沙漠公路通过低洼地带或洪水泛滥区，会出现沙漠土路基浸在水中的情况，其因风力作用而起的风浪，对沙性土路基边坡的拍击冲刷滑塌严重，一场大风之后，能将半幅路基滑没，甚至整幅路基被浪击冲断。其养护方法是：一是用土工编织袋装上就地沙土（每袋只装其容量的2/3），平铺于迎水路基边坡之上，效果很好，二是用芦苇编成厚度不小于10cm的芦苇排，铺置于迎风边坡上，用枝条绳索压住并用小桩钉紧或用装沙的土工编织袋压住，三是用普通草铺于边坡之上，上端用木桩绳索固定，下端坠以装沙土工布编织袋拉紧，四是排除积水，应用永久性材料将路基边坡予以加固。

三、路基不均匀下沉

路基的不均匀下沉，是沙漠公路受重力及动载力作用，所产生的不均匀沉降，引起路面沉落不平、变形开裂破坏的一种病害，主要出现在下列路段：路基下卧层浸水变软地；高填方路段边坡较陡处；路基填料为风积沙、淤积土或与其他土类交错变换处；凹形竖曲线最低处；桥涵两头。

养护方法是：对路基下卧层浸水变软下沉的处理是采取深挖措施，将变软地面以上的路基路面全部挖除，整平原地面，铺上土工布，再分层填筑沙基、压实、整平，铺上路面；对高填方路基边坡较陡的下沉，多数由于边坡防护失效，边坡受风吹蚀，致使边坡过陡，降低了路基边缘部位抗侧向压力的能力，故而发生下沉，养护采用挖除下沉路基，将挖出沙土填到边坡被风蚀的坑凹内，填料不够从远处沙丘运取，随填随压使之密实，恢复边坡防护设施；对挖除下沉的路基部分，从远处沙丘取风积沙分层压实，到路基顶铺上土工布，铺筑基层及路面面层；对路基填料土质改变的下沉，由于土质不同则压缩形变不同，压实功不同，所以按压实风积沙的要求进行其他路基的压实，其结果必然不同，就是说风积沙已经压实了，但其他类土还处在尚未完全压实的状态，因此经行车碾压，就出现不均匀沉降，养护方法是挖除下沉路段路基、路面，分层换填风积沙压实，到路基顶铺上土工布，铺筑路面基层与面层。

对凹形竖曲线最低处的下沉，一般出现在凹形竖曲线底部但仍有不同高度的填方路堤路段，由于汽车下坡冲击力的频繁作用而出现的下沉，养护方法是挖除下沉部分，分层填筑风积沙路基、压实，到路基顶铺上土工布、铺筑砂砾垫层、水泥稳定碎（砾）基层（厚度 15~20cm）、路面面层，对桥涵两头的下沉，由于桥涵两头路基压实不够所造成，养护方法是单从表面填补，无法消除其病害，必须在桥涵两头 8~20m 长度内，将路面、路基挖除深度 30~40cm，整平，铺上土工布，铺砂砾底基层压实，再铺筑 15~20cm 厚度的水泥稳定碎（砾）石基层并压实，最后铺筑路面面层，整平压实。

四、路基盐胀

盐渍土是大陆性干旱少雨气候区内重要的地理地质象征之一，分布面积很广，大部分盐渍化程度很重，其盐分组成主要有氯化物、硫酸盐、碳酸盐、硝酸盐，对公路危害最大的是硫酸盐盐渍土，因为硫酸盐盐渍土中的硫酸钠、硫酸镁在地面温度在 20℃~-32.4℃之间有分别吸收 10 个和 7 个水分子的性能。在地温升高后又释放其中的水分。这样的胀释交替，就是硫酸盐盐渍土形成盐胀的主要原因。若沙漠公路经过分布有硫酸盐盐渍土的地区，其路基用就地硫酸盐盐渍土填筑，那么其路基的盐胀，必不可免，并且随时间的增长，盐胀现象将愈来愈重，造成路面起伏不平，开裂破坏，汽车行驶十分困难。

关于路基盐胀病害的养护，对只有轻微盐胀的公路，取路基土进行化学分析，若硫酸盐含量在 1.2% 以内者，可用细粒式沥青混凝土罩面，填低平高，能消除病害导致路面的不平。

对严重盐胀路段，仍取路基土进行化学分析，若其硫酸盐含量在 1.5% 以上，而且大部分在 3% 以上者，就很难靠表面养护消除盐胀导致的路面不平，因为其盐胀力很大，需要很厚的沙砾才能使其盐胀不胀。所以对严重盐胀公路的养护，用简单的方法和费钱少的措施是难奏效的，需要采用以下三种方法才能消除其病害。

（1）盐胀路面之上加铺砂砾的重力法，其厚度根据各地情况确定，具体做法是：清理原路面、分层填筑压实砂砾填层，至路面底标高，整平铺筑各层路面，这一措施的缺点是运砂砾数量大，路基过高、平、纵、横线形不协调。

（2）挖除盐胀路面路基，换填风积沙法，具体做法是彻底挖除盐胀路基路面，整平基底，铺设土工布，在其上分层填筑、压实非盐渍化风积沙填层，到路基顶，再铺土工布，其上铺筑各结构层路面，可采用半边通车半边施工的方法施工，这一做法的缺点是工序多、过程长、费时、费工。

（3）改变路线位置重新建设一条公路法，具体做法是：重新选线、测设、施工，整平基底，铺上土工布，分层填筑压实非盐渍化风积沙，到路基顶，再铺一层土工布，其上再铺各结构层路面，这一方法工程量不大，工序少，过程短，省时省工。

五、路基冻胀路面翻浆

路基冻胀病害多出现在沙漠公路进出口及沙漠边缘泉水溢出带，是道路在冻结过程中，由于路基产生了垂直向上的不均匀冻胀力，在这种不均匀胀力作用下，路面产生局部隆起，称为路基冻胀，在冻融时期，经过冻胀作用的路面，尤其是低、中级路面，其土基承载力显著降低，在车辆荷载作用下，路面遭到破坏，严重者从路面裂缝中挤出泥浆，路面开裂破碎的高低不平，这种现象称为路面翻浆。路基冻胀引起的路面翻浆，是多种因素综合作用的结果，但主要的是水、土、温度、路面与行车荷载五个要素，其中水、土、温度是形成路基冻胀、路面翻浆的三个自然因素，缺少一个因素都不可能形成路基冻胀、路面翻浆现象。

（1）填土中的粉土类是最易发生路基冻胀和路面翻浆的，因为粉土类土毛细水上升高度大、速度快，在负温作用下水分聚积严重，极易丧失稳定性，对高液限黏土，毛细水上升高度虽高，但毛细水上升速度慢，因此对这类土，只有在水源供给充足，并且冻结速度缓慢的情况下，才能形成较严重的水分聚冰现象。风积沙修筑的路基，一般情况下不会出现冻胀。这是由于该类土毛细水上升高度很低，在冻结过程中水分积聚现象较轻微，这类土即使含有大量水分，仍是稳定的。

（2）道路基底地下水位高，或地表经常有积水的路段，有充分水分向路基供应。

（3）冬季的负温作用，路基没有一定冻结深度是不易被冻胀的，路基的冻胀程度和冻结速度影响很大，如初冬时气温较暖或冷暖交替，则路基土冻结缓慢，冻结线长期停留在路面下较浅的路基中，因此大量水分将积聚在距路面较近处，这种情况极易引起低中级道路的严重翻浆，反之初冬开始时就很冷，路线冻结线很快下降到距路面较深的路基中，这种现象造成的冻胀比较轻微。

（4）道路路面的隆起翻浆，是通过路面变形破坏表现出来的，因此路面的翻浆与路面强度有密切关系，路面类型对其翻浆现象出现影响很大，如在有些较潮湿的路基上，铺筑砾石路面，冬季路基冻胀反映到路面上是不明显的，路面翻浆较少，但铺筑了沥青路面后，因为黑色面层透气性差，路基中的水分不能向外蒸发，则造成路基水温状况恶化，所以常常造成路面翻浆现象的增多、严重。

（5）路面翻浆是通过行车荷载作用而形成和表现出来的，如果上述条件都已具备，但没有荷载车辆的作用，路面是不会出现翻浆破坏的，当上述的土、水、温、路面相同时，路面上通过的交通量愈大，车辆吨位愈重，则路面翻浆更为严重，关于路基冻胀，路面翻浆病害的养护宜采用以下方法。

①经常地及时地排除地表积水，降低地下水位，保证路基排水畅通，地下水位有效降低，是养护的重点。在平原微丘地区，由于地表纵横向坡度小，地表不发生明显泾流现象，地面积水排除有困难的路段，可在路基坡脚设坚固的深度不小于1m的坚固挡水墙，或在路基边坡下部铺设防渗膜，防渗膜最低点应在坡脚下1m深度处。对路堑边沟的积水及时引走，可采用加深边沟增加纵坡的手段，将边沟积水引到路基外，对降低地下水位，可在路基两侧坡脚5m外挖深排水沟，一般能起降低水位作用。在路基养护中，还必须做好保持路肩、边坡完好的工作，以利雨水、融雪水顺利流到坡脚之外，防止水分渗入路基中。

②对已发生路面翻浆的点段，要彻底挖除破坏的路面和湿软成泥的路基。到底后将挖坑修整成规则的平面形状，坑壁垂直，整平基底，铺淋膜土工布，分层填筑风积沙或其他坚固稳定材料，最好是级配砂砾，分层压实，至路基顶后，再铺筑各结构层路面。

六、沥青路面的推移、啃边、裂缝、面层剥落、坑槽

(1)沥青类路面推移是在车辆水平力作用下,沥青面层因抗剪强度不足,发生推移而成拥包,产生的原因是沥青稠度偏低用量过多,集料级配不当,细料偏多,面层与基层黏结较差,基层表面光平等,一般在陡坡、平曲线、交叉口等行车产生的水平力及横向离心力较大处,更易形成。养护方法:推移拥包在炎热天气应予铲去,并低于表面1cm扫净,用细粒式沥青混合料填补压实。

(2)啃边是沥青路面的边缘松散、破碎,其主要原因是路肩压实不足,路肩受水影响承载力下降,路缘石损坏,路面边缘强度不足或沥青路面老化。养护方法:恢复路缘石,加固路肩,加宽路面,及时排除路肩积水。

(3)裂缝沥青路面裂缝反映了路面的内部缺陷,按裂缝形式可分为纵向裂缝、横向裂缝、网裂与龟裂。按裂缝形成的原因可分为收缩裂缝、强度裂缝与施工裂缝。秋冬季节,气温下降,沥青面层或加固土基层收缩而成的裂缝一般与道路中线垂直呈横缝,由于土基干缩或冻缩导致的裂缝,一般各个方向都有,但以横缝居多,由于路基压实度不够,或地基松软下沉,一般多纵缝。

基层强度不足,沥青面层的老化往往形成大面积网裂、龟裂,局部的网裂和龟裂,常是局部压实不足等施工因素引起的,路基冻胀,沥青脆点过高,行车作用超过了疲劳极限都会引起不同程度的裂缝。裂缝养护:封闭路面裂缝,以防水分渗入,减少路面摩擦损坏,是养护重点,温度裂缝和小的干裂缝用优质沥青或优质沥青配制的乳化沥青封闭,封闭大宽裂缝,先掏净裂缝沙子杂物,填补沥青中砂混合料,再在其上铺设沥青石屑混合料,或在裂缝中喷洒优质沥青配制的乳化沥青,撒塞石屑,刮平石屑后再在其上铺沥青石屑混合料,拌制混合料的沥青应为优质沥青,基层强度不足的要予以加强。

(4)面层剥落,表面不够平整,坚实但不致密,路表石料之间留有孔隙,颗粒1/3以上高度没有沥青黏结,沥青混合料拌和不均匀,沥青用量少、主集料过大、细颗粒少是形成面层剥落的主要原因,沥青的老化也能形成面层剥落,面层剥落为路面积水创造了条件。

面层剥落养护：轻微的面层剥落，可先薄喷乳化沥青，薄撒砂或石屑，使黏结沥青的砂或石屑填充孔隙，阻止石料震松脱落；严重的面层剥落，干涩、老化以及松散破坏，宜及时罩面。

（5）坑槽、矿料与沥青之间黏结不足，会形成面层松散，造成的原因很多，基层强度不足石料含土或潮湿、酸性、结合料品种不合适均可造成石料与沥青之间缺乏稳定的黏结力，施工中沥青黏度偏低，用量不均或较少，熬油时间过长，拌和不均，碾压不足，以及施工季节过晚没有成型，沥青路面经常泡在水中以及路面干涩、老化也能造成松散，松散不仅降低路面使用品质，行车作用下易于发展成坑槽。

坑槽养护：挖除形成坑槽路面，使所挖之坑在平面上成规则形状，坑侧立直，然后清扫坑底，铺筑基层并整平压实，洒粘层沥青，稍干后在坑内填筑细粒式沥青混合料，整平、压实、开放交通。由于沥青路面长期受行车反复作用和阳光、大气的影响，出现大面积干涩、面层剥落、裂缝、网裂等现象，磨损、老化、疲劳等问题相继而来，若不及时养护处理，就会严重影响交通，路况愈来愈坏，此时可采用表处罩面，严重龟裂、老化、松散坑槽路段，可根据交通量发展考虑中修或改建。

七、低等级路面车辙、搓板、坑槽

（1）车辙是路面材料稳定性不足形成的病害，沙漠公路之上丁点不平或凸起，逐渐就能形成沙害，路面上的车辙一旦形成，风沙流很快将车辙填满，经来往行车作用，将一部分风积沙辗挤到辙棱上，与路面材料掺混，如此车辙愈来愈深，直到汽车不能通行的地步，大车不能通过，小车后轴架到车辙上，根本动弹不了。

养护方法：不能放松经常性养护，尤其在风季要加强养护，用平地机或人工把初始车辙刮平，保持路面平整。

（2）多出现在粒料类路面上，如砂砾路面、陶粒路面等，是路面材料本身强度较高，但稳定性不足的产物，多数情况下不易产生积沙现象，然其搓板式不平，行车颠簸，发展下去，汽车跑不起来，搓板的波谷波峰相差很大时，亦能形成沙害。养护方法：定期用平地机、拖拉机路拖子、拖拉机拖的红柳枝耙将其刮平拉平。

(3) 坑槽是路基密实度不够，路面强度、厚度不足，砂砾路面下未铺土工布等，经行车，尤其大重型车作用，先是路面变形成大波浪状，之后路面破坏，把路面下的沙挤出，与砂砾料掺混，愈来愈重，坑槽面积扩大，行车困难。养护方法：经常养护，填补路面材料，发现路面有起伏现象的不平，快速将其填平，已形成坑槽彻底清除，整平基底，铺土工布，铺筑增厚的路面。

第三节　防沙工程养护

沙漠公路，尤其流动性沙漠地区的公路，其路侧防沙工程非常重要，绝对不能省略，可以说，没有完好的路侧防沙工程，就没有沙漠公路的畅通无阻，因此，为了保证沙漠公路良好的服务质量，路侧防沙工程的养护维修，必须十分重视，认真对待。沙漠公路的路侧防沙，包括工程防沙措施和植物防沙措施两个方面

一、工程防沙措施

(1) 固沙措施是采用短节压扁芦苇、麦草、砂砾及黏性土，将流动性沙面予以稳定，是控制沙粒移动的一种措施，芦苇和麦草设置成 1m×1m 方格状，压入沙中 10~15cm，露出地面 15~25cm，可使用 6~8 年。栽压草方格的作用在于增大沙表面的粗糙度，下垫面的粗糙度是平均风速等于零的几何高度（单位 cm），有了草方格可使贴地表的风速减弱到沙粒起动风速以下，保护沙表面沙粒不起动，并且能过滤沉积过路风沙流的浓度，防止公路沙害，其养护维修方法是对固沙措施的破坏要及时维修，风蚀露出大片沙面的，要补栽恢复原状，对已使用多年、被风沙埋压的草方格，要在其上再设草方格，提高沙面的粗糙度，以保持沙面的稳定。

对砂砾、黏性土覆盖沙面的措施，多用在沙漠边缘附近有稳定材料的地段，主要覆盖边坡及其整平带，厚度 5~10cm 有一定效果，但其边坡仍易出现积沙情况，反向风时，边坡积沙易上路。养护方法是经常清理边坡积沙，有风蚀破坏之处，及时予以修补。

（2）阻沙措施，采用芦苇、红柳、树枝、高粱秆、玉米秆，扎成立式栅栏，埋入沙中20cm，露出地面100～130cm，并留20%～25%孔隙，其根部用矮沙障予以固定，栽设位置一般应在固沙带外20～30m处，与路线走向平行，设置立式栅栏的作用在于使移动的沙丘或向前延伸的沙城，经立式栅栏阻挡后转变成风沙流。栽埋在沙脊上的栅栏易被风刮倒，有动物出现的地段易被打洞，因此养护时要经常检查，对歪倒的要扶正、残缺的要补齐，立式沙障被埋没后，应在其上部续设新栅栏，使其逐渐升高，直至堆高到5m以上效果更好。

（3）输沙措施主要在路基主风上侧设浅槽和在路基路面上采取措施，使过路风沙流以非堆积搬运的方式迅速通过。在养护上要经常保持填方路堤的缓边坡或浅槽横断面形式，在挖方路堑保持敞开式的横断面形式，因此其边坡上出现低凹、堆起应迅速清除，恢复原状，补上固沙措施。

（4）导沙措施采用各种有茎秆草类扎成的立式栅栏将风沙流侧导到有利地形后通过公路，侧导栅栏与路线走向斜交，平面上可呈人字形，也可成一字形，为人字形侧导栅栏者，其交叉点设在沙丘脊部或沙垄头部，其头部设于丘、拢两侧前方向有利地形处，为一字形者，其头部设在有利地形处，侧导栅栏中间穿过、丘脊和沙城头部直线延伸到丘、拢体的侧后。栅栏构造及其栽设与阻沙栅栏相同。设置侧导栅栏的作用，在于分散沙丘脊部和沙垄头部风沙流浓度，能起到阻止沙丘移动和切断沙拢的结果，效果很好，养护方法同阻沙栅栏。

下导风栅板，又称聚风板，由立柱、横撑木和栅栏组成，栅板材料可用木板、板皮、芦苇等，设置下导风栅板后，由于下口的聚流作用，而加大贴地层的风速，克服了因路肩地形的突变所引起的气流分离，使风沙流以不堆积状态通过公路。下导风栅板，因设于路基边缘，易遭受人为的破坏，构件丢失严重，因此其养护重点应加强巡逻检查，经常能保持其完整状态，其效果是良好的。以上工程防沙设施，以用柴草为其材料，容易燃烧，因此养护工作中非常重要的一点是要加强管理，经常巡查，严防火患。

二、植物固沙措施养护

（1）防沙林的栽植，应按因地制宜、因害设防的原则进行。一般在干旱少雨地区，应以耐干旱、耐盐碱的灌木为主，在雨量较多地区，应乔灌木结合并留有适当孔隙为宜，防护路基边坡应以密植的草皮或茎枝爬地的草丛为佳。

（2）防沙林木成活后到郁闭前(乔木树冠的投影面积与占地面积之比，达到0.6以上时为郁闭)属于幼林，要加强抚育管理，应及时检查、灌溉、除草、施肥、修剪、防治病虫害和补植等。

（3）及时进行人工灌溉，尤其在干旱季节要加强人工灌溉，灌水量随林木苗大小和气候及土质情况而定。

（4）对土壤瘠薄、生长不良的林木，应予以施肥，促进其生长。

（5）树冠达到郁闭时，即已成林，为了促进树木发育健壮、透光通气、减少病虫害发生，要及时修剪抚育。草皮的修剪，随草的种类和生长环境不同而异，草高不应超过10cm，以免叶茎过长，遮挡阳光，通风不良，诱发病虫害。

（6）防治树木病虫害，开展生物、化学防治与营林措施相结合的综合防治方法，及时清除衰弱木、病害木等。

第五章　沙漠公路景观、环境、效益评价和环保

第一节　沙漠公路景观的设计与评价

沙漠公路景观元素单调，除地貌、少量植被外，水体、人文、季相、色彩等元素很少，容易使旅客和司机感到厌烦，并且枯燥的环境容易让司机产生急躁情绪，成为交通事故的隐患。沙漠公路景观设计主要包括线位的选择、线形设计、防沙措施、构造物的美化等方面。其中，线位选择、线形布设、交通标志标线、防沙体系自身景观的处理以及与沙漠自然景观有机的结合是重点。

一、公路景观的阈值和敏感度

公路建设可以看作对原有地域景观的干扰，公路景观的阈值就是指地域景观系统抵御、同化、平衡这种干扰的能力。沙漠地区景观单调，环境恶劣，所以公路建设对原有地区景观的负面干扰作用不明显，而且沙漠公路建成后，因为各种防沙措施和绿化带的作用反而会让沙漠公路成为该地区的一道新景观。对沙漠公路景观进行评价，就必须考虑沙漠公路本身与周围环境的相互作用、协调关系。

公路景观的敏感度是指公路景观被人注意的程度，它是由公路景观相对于观察者的距离相对坡度和景观在观察者视域范围内出现的概率和时间决定的。比如沙漠公路中绿色植物的视觉敏感度一般要强过其他颜色的景物；近处的边坡、防沙工程等景观的视觉敏感度强过其他远处的景观；沟谷沙山的视觉敏感度一般也比平坦沙地强些。

二、视觉分析

当公路作为动景观的时候，它给观察者带来的心理感觉是与速度密切

相关的，所以应该把视觉分析的方法引入对公路景现的评价中。

在考虑行驶速度对于观察者视觉心理影响的基础上讨论景观设计的方法叫视觉分析。随着汽车在公路上行驶速度的增大，司机注意力的集中点会逐渐前移，视角也随之逐渐变小，司机对公路两侧的景观也就不再注意。乘客大多是从侧窗观察公路景观的，随着车速加快，乘客的注意力也会放到远处。因为交通量小等原因，沙漠公路的行车速度通常都比其他地区同等级公路上的行车速度要大许多，因此对于沙漠公路的景观设计来说，除了具有诱导视线功能的景观要素外，其他道路两侧近处的景观要素可以适当地降低设计要求。沙漠公路通常是作为动景观出现的，在对沙漠公路景观进行评价的时候，一定要把景观和汽车在公路上的行驶速度结合起来，这样才能得到较为合理的评价结果。

三、评价方法

以观察者的视觉心理为出发点确定沙漠公路景观的评价方法。根据沙漠公路景观丰富程度、美观程度并考虑沙漠公路景观动态效果确定了沙漠公路景观评价的评价因子，争取专家的意见用层次分析法来获得各个因子的权重。在研究中比较分析了现有评价中常用的数学方法，经过对沙漠公路景观评价的特点进行分析后决定采用模糊数学的方法来评价沙漠公路景观。

第二节　沙漠公路环境评价

一、大气环境影响

公路建设对沙漠大气环境影响的主要污染来源是公路运营期间的汽车尾气，汽车尾气中对人类活动影响比较大的几种主要气体是 CO、THC 和 NO_x。

二、声环境的影响

在整理国内外的各种资料后，提出了沙漠公路声环境评价预测计算公式中距离衰减量、纵坡修正量、路面修正量、线形弯曲修正量的计算方法。对沙漠公路噪声影响预测结果进行量化时考虑到人对噪声反映的主观因素，比较分析了美国联邦公路局制定的交通噪声标准、日本交通噪声允许标准和交通部公路研究所提出的公路交通噪声环境中对活动干扰的阈限值。

三、生态环境影响

沙漠公路对生态环境可能产生的各种影响主要分为修建期影响和运营期影响两种。在沙漠公路建设期间取土弃土等工程活动会改变沙漠地区原有的地貌形态，改变近地表层的风沙活动规律，有可能会带来新的风沙危害。沙漠公路的修建会破坏沙漠地区地表植被和原来比较稳定的土壤表层，使得松散容易被吹起的沙砾暴露在表面给新的风沙危害提供了沙源。沙漠公路在建成之后会对沙漠地区动物的迁徙、繁殖、觅食等带来影响，从而会影响该地区生物的多样性和个别物种的生活繁衍。沙漠生态环境影响评价的重点是包括土壤的沙化、新的风沙危害、沙漠地区生物多样性保护、植被覆盖率等，把它们确定为沙漠公路生态环境影响评价的评价因子。

四、环境影响综合评价方法

环境影响综合评价方法与沙漠公路景观评价方法相似，使用模糊评价的方法获得最终的评价结果。根据沙漠公路修建对环境可能产生的影响分析结果，确定沙漠公路环境影响评价体系中大气环境、声环境、生态环境下一层次中的评价因子，并邀请专家打分，用层次分析法确定各个层次中因子的权重。

第三节　经济评价方法

沙漠公路经济效益评价可以通过数学计算的方法进行量化，通常沙漠公路经济效益评价包括国民经济效益评价和财务评价两个部分，在进行沙漠公路综合效益评价时，考虑的经济影响都应该是国民经济影响。经济效益评价部分主要研究了沙漠公路建设经济费用的计算方法，其中包括外贸货物和非外贸货物影子价格、影子工资的计算方法，讨论了各项目经济成本的调整方法。沙漠公路国民经济效益主要包括运输费用节省效益、旅客时间节省效益、交通事故减少带来的效益的计算方法。

　　沙漠公路财务评价是根据国家现行的财税制度和价格体系分析计算项目的财务效益和费用编制财务报表。沙漠公路建设项目的财务评价可以采用与普通建设项目财务评价相似的方法，也是确定财务费用和财务收益，选择合适的财务评价指标对项目的财务支出和收益情况进行计算评价。现在常用的经济评价的评价方法主要有现值法、净现值法、等额年限法、内部收益率法、效益-费用比法、投资回收期法。

　　经济净现值是指用社会折现率将项目计算期内各年的净效益流量折算到开工前一年年末的现值之和。经济内部收益率是反映公路项目对国民经济净贡献的相对指标，它是项目在计算期内各年经济净现金流量累计现值等于零时的折现率。经济效益费用比是指一个建设项目总效益现值与总成本现值的比值。国民经济评价中的投资回收期就是项目的总收益率等与项目总投资时的年限。以上方法都可以作为沙漠公路国民经济评价和财务评价的方法，在沙漠公路项目经济评价过程中应根据实际情况进行选择。把上述方法计算的结果作为灰色评价的初始输入值，能排除主观因素达到比较好的量化效果。

第四节　沙漠公路综合效益评价

一、评价因子的确定

　　沙漠公路建设给地区带来的影响是多方面的，而且不同沙漠公路的建设目的也不相同，所以评价因子的选取还应该与具体的实际工程结合起来。沙漠公路建设综合经济效益的评价因子大致包括以下四种。

(一) 自然环境影响

　　沙漠公路建设和运营都会对自然环境带来影响，公路建设会破坏原来处于相对平衡的生态环境，施工和运营期间人类的活动也会给沙漠地区的动、植物的生活带来影响。沙漠公路运营期间汽车排放尾气、产生噪声都会对沿线的大气环境和声环境带来影响。

（二）社会影响

我国沙漠主要分布在我国西北地区，在这些地区生活居住的少数民族比较多，公路建成以后有助于各民族人民间的相互了解和文化交流，增强各民族的团结；沙漠公路对于战略物资的运输、边防的巩固、社会的稳定都能起到重要作用；沙漠公路的建设必然牵扯到占地和房屋拆迁等，由此可能会引发一系列社会问题；沙漠地区景观点不多，人类的活动也很少涉足沙漠内部，而沙漠公路建成以后往往能起到一定的景观作用，在景观元素单调的沙漠地区，沙漠公路的景观作用就显得格外突出，特别是人工绿化设计比较成功的沙漠公路更是被人们称作"沙漠中的绿色长廊"。

（三）社会发展影响

公路建成以后通常会给这个地区带来新的发展生机，交通比较便利的地区往往能吸引更多的人口，有利于该地区的城市化进程和人口分布的优化；公路的修建通常会对当地的 CDP 增长带来正面的影响，有利于自然资源、旅游资源和人力资源的开发，经济发展的良好势态和资源的开发同时又会增加当地的就业机会，从而使该地区的就业率不断提高；公路建设还会影响当地的医疗水平发展，促进当地的文化教育进步。

（四）经济影响

沙漠公路的经济效益也是沙漠公路综合效益评价的一个重要内容，公路建设投资和管理者都比较关心公路在投资后能产生的经济效益。沙漠公路投资产生的经济效益大约包括以下五个方面。

1. 产品运输周期缩短

沙漠公路的修建大大缩短了车辆在两目的地之间的运行时间，这也就缩短了产品运输周期。产品的运输周期缩短就给产品的周转带来了许多便利条件，加快了产品的交换转移速度，产品中转效率的提高就是给该地区经济发展带来了效益。

2. 交通事故经济损失减少

新建沙漠公路的线形指标和公路的质量通常要比原有公路高，汽车在新建沙漠公路上行驶发生交通事故的概率要比原有公路上小得多，从而由于交通事故而产生的经济损失也会相应减少。

3. 运输成本降低

由于距离缩短和行驶路况改善等原因使得在新建沙漠公路上行驶的汽车的油耗和各种磨损都有所减小，从而降低了汽车的运输成本。

4. 沙漠公路的资金投入

沙漠公路资金投入主要包括建设期间投资和公路营运期间的养护管理费用。投资回收期根据建设投资和养护的费用，并预计可能产生的几种经济效益，采用效益－费用法计算工程项目的投资回收期。收费公路还应计算通过收费完全收回投资所需要的时间。

二、建立多级关联模型

根据沙漠公路综合效益评价因子和它们之间的层次隶属关系可以建立多级评价模型。

根据沙漠公路综合效益评价因子和它们之间的层次隶属关系可以建立多级评价模型，模型总目标是沙漠公路综合效益评价总目标，指标层为环境影响、社会影响、社会发展能力影响以及经济影响，模型的要素层为：大气环境影响、声环境的影响、生态环境影响、民族团结和文化交流、房屋拆迁情况、公路的景观作用、万人平均拥有医生数提高、人口分布和数优化、人均 GDP 的增长、就业率的增加、工作人员平均受教育年龄提高、恩格尔系数降低、资源的开发与利用、产品运输周期缩短、交通事故经济损失减少、运输成本降低、建设投资、营运期间养护费用、投资回收期。

第五节　路域生态环境保护与恢复

沙漠地区交通基础设施的建设，对于区域经济、社会的协调发展和环境的改善，人民生活水平的提高有着巨大的推动作用。正确处理土地利用与生态保护之间的关系，以公路建设带动生态建设，坚持"少占用、大保护、快恢复"的生态恢复理念，使公路建设和生态环境建设和谐统一，共同受益，才能逐步实现可持续发展的目标。通过几年来沙漠公路建设与生态环境保护及恢复实践，积累了丰富的经验，涌现出许多成功的案例，基本做到了公路建设与自然环境的和谐统一。

一、沙化草原区公路建设与生态环境保护

（1）在沙化草原区修建公路，重点是如何少占良田、林地，尽最大可能保护路域天然草场植被，减少施工机具、人员对植被的破坏，坚持预防为主，保护优先，搞好开发建设的环境监督管理，切实避免走"先破坏后恢复的老路"。

草原地区在公路建设前大部分为自然路，车辆在草原上随意行驶，对草场会造成极大的破坏，致使草场退化、沙化。以锡林郭勒大草原的锡林浩特至赛汉塔拉公路为例，该段公路全长362km，原来由于机动车辆随意开路、乱碾乱压草场，在同一方向上形成若干条草原自然路，最少6条，最多时达到64条，横向同方位分布范围为1.5～20km，平均宽度6.8km左右，直接造成377万亩草场退化、沙化，据统计车辆随意行驶所造成的沙化面积占草原面积的20%～25%。锡赛公路采用定线建设后，大量的机动车辆上路行驶，避免了随意开路行驶、乱跑车破坏草场的现象，减少了车辆对草场的破坏，草场经过2～4年的恢复，其产草量逐步恢复到破坏前的水平，为沿线牧民增加了5万只羊的牧场，从而有力地促进了畜牧业的发展，实现了公路建设与草原生态保护可持续发展的战略目标。

（2）荒漠草原地带，自然条件恶劣，干旱少雨，蒸发量大，生态环境极为脆弱，天然植被一旦破坏，恢复的难度极大，在这样的地区修建公路，最大的保护就是少占用草场，减少破坏。

内蒙古西部的阿拉善盟针对以往修建公路时从路线两侧直接用推土机填筑路堤大面积毁坏草场的弊端，建设单位严格规范施工单位的取土方式，大胆创新，杜绝以往大面积破坏草场的取土方式，在分析了产生风蚀沙化的物质与动力条件后，采用挖掘机在路线两侧按一定的宽度沿路线走向取土的方式修筑路堤，这种取土方式的最大好处就在于开挖面小，植被破坏面积小，风力基本不会作用于开挖面，因而不会产生风蚀和水蚀，同时，取土后的壕沟成为沙粒、草种和地表水的汇集地，沟内表面所接收的光照和水分蒸

发大大地减少，客观上创造了一个有利于植物生长发育的微环境，类似于林业上的开沟造林，对植被的恢复极为有利。仅以中长线为例，采用这种取土方式可少占用草场4.3万亩。目前这种取土方式已在省际通道和其他地形较为平坦地区的公路建设中推广使用，取得了明显的环境效益。

二、风沙区公路建设与生态恢复

实施西部大开发的重要任务之一是要把我国北方广大的风沙区建设成重要的生态屏障。沙漠地区自然条件严酷，风大沙多，在没有路的情况下实施沙源治理几乎是不可能的，公路建设已经成为沙源治理与生态建设的排头兵与先行官。

（1）开展大规模的生态建设，治理沙漠必须依托公路建设，实现"建一条公路、现一条绿色长廊"的独特景观。大量治沙物质、机具和人员只有通过公路才能进入沙漠腹地，基本做法是首先以公路为中心线，采用各种工程措施将流沙固定，然后在公路两侧的沙障中栽植各种植物恢复生态。以线带面，逐步向沙漠纵深推进，把沙漠分割成片，采用围封、人工播种和种植、机械喷播等手段，使路侧的沙漠发生逆转、植被的面积逐步扩大、沙漠的面积缩小。

例如，穿越浑善达克沙地的207国道、省际通道，穿越科尔沁沙地的111国道哈根庙至白音胡硕公路，赤峰市翁牛特旗的乌金公路，304国道的通辽至科左后旗段，通辽到库仑线，穿越毛乌素沙地的府谷至深井、109国道东胜至查汗诺、111国道临河绕城公路、巴彦浩特至吉兰泰公路、长流水至中卫公路等公路，把沙漠分割成片，通过工程措施和植物措施相结合的方法，使路域植被得到了大面积的恢复，最终实现了公路建设带动生态建设的战略目标。最典型的例子就是鄂尔多斯杭锦旗锡尼镇至乌拉山公路，该线从库布齐沙漠横穿而过，路侧有50多千米高大的流动沙丘，修路前基本没有什么植被，修路后当地政府和沿线农牧民在公路两侧设置沙障3.6万亩，植树种草60万亩，使昔日寸草不生的沙漠变成了植被茂盛、绿草树木遍地的绿洲。

（2）通过"退沙还田"取土方式的创新，大量地恢复耕地，对非占用不可的土地要力争做到边施工、边恢复。实现"以人为本、共建绿色家园"的理念。

在风沙区，应坚持建设与保护并举的原则，把公路建设对环境影响的负效应转化为正效应，筑路取土时，首先要在被沙丘埋压的良田上取土，清除农田上的风积沙，恢复其种植功能。

（3）在保护路域生态环境的同时，应注重保护、恢复与开发相结合、试验与示范相结合、科研与养护相结合，用生态建设的收益来补贴公路养护。在实施生态恢复工程的同时，引进具有显著经济价值的植物种，如：麻黄、甘草、山杏、美国核桃、沙棘等经济类树种，邀请实验示范基地附近的农牧民参与生态工程基地的建设，一方面可以增加他们的收入，一方面也可以使他们掌握一定的生态恢复技能，以便将来使他们能够参与到公路生态建设中来。通过这种试验示范研究，在科尔沁沙地共完成围封路域退化植被5564亩，建立人工植被18000亩，种植甘草、麻黄、山杏、沙棘等经济树种合计53.3亩，显著地改善了路域生态环境，路域范围内初步形成了一个以人工植被、天然封育植被、公路防护林带、牧草种植带，配以观赏灌木的多功能景观格局，极大地提升了司乘人员的视觉观感。

实验示范工程的建设还带动了沿线广大农牧民开发沙产业与生态建设的积极性。这对于当地经济发展、产业结构调整、吸纳农村剩余劳动力具有积极的推动作用。例如，科右中旗政府已将实验示范路段作为对外招商引资、开发沙地资源的示范基地。各实验示范路段形成了集生态、经济、景观为一体的绿色通道，为当地的生态建设、沙源治理提供了一个成功的样板。事实表明，沙漠地区公路已逐渐成为当地经济发展的"大动脉"，同时公路的修建使沙漠的生态环境得到了根本改观，形成了穿沙精神，沿线广大农牧民说：如果没有穿沙公路的建设，我们不相信沙漠可以治理。

三、以科技为先导，大力引进新技术、新材料，促进路域植被恢复

为了提高路域生态恢复的效果，在进行生态恢复工程的建设过程中，引进了许多国内外新技术、新材料、新方法，首先从苗木入手，采用营养杯育苗的方法提高造林的成活率，在干旱区采用保水剂、干水、生根粉、ABT等保水材料促进植被的恢复。为了充分利用沙漠地区丰富的风能和太阳能，在腾格里沙漠月亮湖公路路域生态恢复工程安装了风光互补提水设备来灌溉各种植物。在风沙区一方面开发了具有自主知识产权的固沙技术，用来固

定流沙，构建人工植被，另一方面积极引进国内外植被恢复的最新技术，针对地区特点，将其组装配套，发挥各种技术的协同作用，结合干旱区、半干旱区、亚湿润干旱区的自然特征，总结出不同的植被恢复模式，为公路建设与生态恢复提供许多成功的范例。

实践证明，公路建设和生态环境保护是一项庞大的系统工程，是事关全局的战略基础，必须统筹规划、科学布局、分类指导，动员全社会的力量，调动社会各方面的积极性，形成合力，把交通部门大搞生态建设的部门行为转变为全社会的行为，只有这样才能实现公路建设和生态环境要素的合理配置和优化组合，创造出最佳的经济效益、环境效益和社会效益。

四、G216 线国道生态环境保护与恢复

(一) 建立生态防护林

塔克拉玛干沙漠是世界第二大的流动性沙漠，滚滚的黄沙可以轻而易举地淹没和侵蚀公路。为了保护公路不被沙子掩埋，2003 年，国家组织了四川、河南、甘肃等地省区的民工队伍进入沙漠，他们顶着 50 多度的高温，承受着难以想象的困难，开始用草方格防沙固沙，并且种上稀稀疏疏的胡杨林和树柳灌木。经过两年的造林育苗，一条在 G216 国道旁长 436km、横贯塔克拉玛干沙漠南北的防护林绿化带，已于 2005 年全面建成。

在整条 G216 上，共有 108 个水井房，每处水井房都有一对夫妻看护。每天，他们都要照管好所在的护水站，同时徒步走遍所辖的数公里道路，照料路旁脆弱的植被，确认滴灌管线的完好；更要抵抗高温差、强日照、重干燥等极端的生存条件，与流动的风沙作战。在无边的沙漠中，他们忍受着难耐的寂寞，日复一日地重复着枯燥的工作，坚持守卫这条绿色通道。为了维护沙漠公路的畅通，每年仅灌溉养护生态林的投入就达 2000 万元，那些灌溉养护员付出的寂寞与孤独情感，更是无法量化的。在护林员的悉心栽培下，生态防护林欣欣向荣、生机盎然，大部分植被株高 2m 左右，最高的 7m 以上，成为绵延在沙海里的"绿色长城"，阻风挡沙，保障沙漠公路畅通无阻。防护林带有沙拐枣、梭梭、红柳等各种植物，茂密的植被成为兔子、狐狸、野鸡等野生动物的乐园。

(二) 绿电热土 – 零碳沙漠公路

使用柴油发电最大的缺点是有大量的二氧化碳排放，为了落实国家"双碳"战略目标，实现零碳排放，2022 年 6 月，塔里木油田公司在 G216 公路两旁新建了 86 座光伏电站，全面代替原来的柴油机发电，对公路沿线 3100 多公顷生态防护林发电抽水灌溉。光伏发电站总装机规模达 3540 千瓦，年发电量达 362 万千瓦时，产生的电力可满足生态防护林每日抽水灌溉植被所需，每年较柴油发电减排二氧化碳达 3330 吨。据测算，生态防护林每年可吸收二氧化碳约 2 万吨，负碳部分可中和过往车辆碳排放。塔里木沙漠公路首次实现了"零碳"的转变，为我国荒漠治理和沙漠公路运行维护提供了样板。

面对新疆的无限好"风""光"，塔里木油田提升低碳和零碳能源比例，坚持新能源与油气协同发展，积极构建清洁低碳、安全高效的现代能源体系，大力推进节能降耗减排、清洁替代、CCUS、碳汇林业、低碳 5 个示范区建设，全力在"死亡之海"建立多座绿色能源"特区"。

塔克拉玛干的风沙曾经吞没了丝绸古道上一个又一个文明。而今，昔日"死亡之海"成为"希望绿洲"的梦想已照进现实。生态文明与油气能源一起发展，绿水青山与金山银山共同成长。随着一座座油气田的开发建设，一片片充满生机的绿洲遍布荒漠，塔里木油田播撒的绿色希望，将一步步填补"生命禁区"的空白，把生机重新带回到这片荒凉已久的大漠。

参考文献

[1] 包萨拉，温春杰.公路勘测设计 [M].北京：北京理工大学出版社，2019.

[2] 李燕.公路勘测设计 [M].北京：北京理工大学出版社，2019.

[3] 李志农，陈杰，王翠.风积沙路基公路设计施工与防沙 [M].上海：上海科学技术出版社，2018.

[4] 过震文.风积沙路基公路建设关键技术与应用 [M].上海：上海科学技术出版社，2017.

[5] 郑育新.新疆特殊地区公路 [M].成都：西南交通大学出版社，2019.

[6] 郑育新.新疆垦区公路盐胀和冻胀病害防治技术 [M].成都：西南交通大学出版社，2018.

[7] 李捷.高寒、高海拔特殊地区公路修筑技术 [M].西安：西北工业大学出版社，2020.

[8] 李刚占，张留俊，赵久柄等.高海拔特殊土地区高速公路建设关键技术 [M].北京：人民交通出版社股份有限公司，2020.

[9] 任传林，王轶君，薛飞.公路工程施工技术 [M].长春：吉林科学技术出版社，2019.